"十四五"法律职业教育新编系列教材

◇ 司法职业教育新"双高"精品教材
⚖ 司法部信息安全与智能装备实验室丛书

SHOUYIN
JIANDING JISHU

手印鉴定技术

主　编◎付　琳　仲　龙　邱现明
副主编◎刘　剑　李雪黎　刘敬杰
参　编◎许　珺　陈　琼
　　　　张维强　叶国荣

中国政法大学出版社
2025·北京

声　明　　1. 版权所有，侵权必究。

　　　　　　2. 如有缺页、倒装问题，由出版社负责退换。

图书在版编目（CIP）数据

手印鉴定技术 / 付琳, 仲龙, 邱现明主编. -- 北京：中国政法大学出版社, 2025.7. -- ISBN 978-7-5764-2204-7

Ⅰ. D918.91

中国国家版本馆CIP数据核字第2025CR0358号

出 版 者	中国政法大学出版社
地　　址	北京市海淀区西土城路 25 号
邮　　箱	fadapress@163.com
网　　址	http://www.cuplpress.com（网络实名：中国政法大学出版社）
电　　话	010-58908435(第一编辑部) 58908334(邮购部)
承　　印	北京鑫海金澳胶印有限公司
开　　本	787mm×1092mm　1/16
印　　张	13.75
字　　数	293 千字
版　　次	2025 年 7 月第 1 版
印　　次	2025 年 7 月第 1 次印刷
印　　数	1~4000 册
定　　价	65.00 元

前　言

手印鉴定是物证司法鉴定领域中痕迹鉴定中的一个重要分支。早在数千年前，人们就认识到可以利用手印对人身进行同一认定。长期以来，手印鉴定多集中于刑事诉讼领域，对犯罪现场中手印的发现、显现与提取，已成为现场勘查工作中不可或缺的一项重要内容，在DNA技术、视频侦查技术广泛应用于刑侦工作之前，手印鉴定被誉为"证据之首"。随着社会经济的飞速发展、司法鉴定体制改革，手印鉴定已从传统刑事领域延伸到民事领域，在民事诉讼、行政诉讼、仲裁、公证等领域，涉及文件上可见指印鉴定的案件数量不断攀升，因此，司法鉴定技术专业也应运而生，面向社会培养德技并修的手印鉴定技术专门人才。

"手印鉴定技术"课程是司法警察院校司法鉴定技术专业、刑事侦查技术专业的专业核心课程。通过对"手印鉴定技术"课程的学习，使学生和从事相关工作的专业人员掌握手印鉴定技术的最新理论和技术方法，能够正确发现、显现、固定、提取、分析、判断、检验和鉴定现场潜在手印及文件上可见手印，并能规范撰写手印鉴定意见书。

为全面落实党的二十大提出的"科教兴国战略、人才强国战略、创新驱动发展战略"，统筹推进教育科技人才机制改革，加强司法职业院校司法鉴定技术专业的教材建设和人才培养，本教材编写组以社会需求为导向，以技术应用能力的培养为主线，设计了兼顾学生的知识结构、能力培养、素质提升，以及富含思政教育的综合培养方案。以实践应用为主旨，合理构建课程体系和教学内容体系。以"提高学生专业素养、掌握专业技能"为指导思想，结合手印鉴定的行业特色与基础资源，打破传统的教材模式，以工作手册式教材新形态，采取"模块+项目+任务"的形式编撰，共分五个模块13个项目36个任务。模块一是潜在手印勘验，包括4个项目12个具体任务，涵盖了潜在手印勘验的流程、不同客体上潜在手印的勘验技术等；模块二是手印分析，包括3个项目7个具体任务，紧密结合司法鉴定技术领域最新文件的可见指印鉴定技术规范；模块三是样本手印收取，包括2个项目4个具体任务，涵盖刑侦领域和鉴定领域对手印样本的收取技术；模块四是手印鉴定，包括2个项目6个具体任务，规范重现手印鉴定工作的程序与方法；模块五是手印鉴定实训，包括2个项目7个具体任务，真正落实产教融合、工学结合，引入鉴定机构真实案例开展强化技能训练。

本教材综合运用了图、表、视频等可视化手段，使学生有效理解和掌握手印鉴定技术的基础理论、手印现场勘查、手印鉴定技术三大板块的必备知识和技能。同时工学结合，设计实践教学环节，使学生初步具备检验鉴定手印的能力，训练鉴定逻辑思维能力和独立开展创新研究的能力，特别是能够掌握最新的检验鉴定理论方法与运用仪器设备的能力，以提高学生的综合素质，从而达到服务司法鉴定行业人才梯队建设的目的。

本教材邀请司法鉴定行业专家共同撰写，对接司法鉴定岗位实际，构建任务模块，注重习近平法治思想与职业道德素养的培育，强化司法鉴定行业的职业特色，丰富工作过程中的指导性信息，以保证教材内容与实际工作紧密贴合，拉近产教之间的距离，保持司法鉴定活动的系统性、逻辑性，突出技术性和应用性，使之成为以"教、学、练、鉴"一体化为特征的司法鉴定职业技术培训用书。

本教材在编撰时参考了赵向欣、刘少聪、张忠良等国内外专家学者的宝贵研究成果，得到了全国司法职业教育教学指导委员会副主任委员于连涛教授的指导，在此表示衷心感谢。最后，我们衷心希望这本《手印鉴定技术》能成为广大司法鉴定技术人员、刑事技术人员乃至相关学科学生的良师益友。

教材编写组
2025 年 4 月

编 写 说 明

一、课程性质与定位

性质:"手印鉴定技术"课程是公安与司法大类司法鉴定技术专业和刑事侦查技术专业的一门必修课,是司法鉴定技术专业、刑事侦查技术专业、刑事侦查专业学生业务素质的重要组成部分。《司法鉴定技术专业教学标准(高等职业教育专科)》规定的理实一体化课程,是高等职业院校司法鉴定技术专业的专业核心课程。

定位:本课程前导课程是"司法鉴定概论""现场勘查技术""物证影像技术""痕迹检验技术""理化物证检验技术"等,需在学习司法鉴定基础理论和现场勘查、痕迹检验、理化检验的基础上才能学好该课程。后继课程是"痕迹司法鉴定综合实训""司法鉴定文书制作""司法鉴定管理及认证认可实务"等,是学习后续课程的基础和支撑。充分掌握手印鉴定的基础理论,不断充实相关学科的关联知识,强化实践操作,培养自身严谨的态度、缜密的逻辑思维能力,可以辅助学好本课程。本课程一般开设在第三学期,共36课时。

二、编写依据

课程依据:《司法鉴定技术专业教学标准》、司法鉴定技术专业人才培养方案。

实践依据:与全国同级公安、司法院校、湖北省司法鉴定行业物证专业委员会、手印鉴定领域专家积极开展联系,调研、分析、概括、序化出教材现有的内容。

法律依据:《中华人民共和国刑事诉讼法》《中华人民共和国民事诉讼法》《司法鉴定程序通则》《法医类 物证类 声像资料司法鉴定机构登记评审细则》等。

教学实践依据:依据手印鉴定岗位特点、教育学原理与学习理论、学生特点与需求、教学环境与资源,并结合20余年的教学经验和实践反思来确定教学实践环节。

编写过程:经过编写组近1年内的多次调研、搜集国内外最新相关理论及技术成果,召开多次教材编写会议,最终形成定稿。

三、教材的编写理念与特色

2019年1月24日,国务院发布《国家职业教育改革实施方案》,对职业教育课程教材改革提出了"建设一大批校企'双元'合作开发的国家规划教材,倡导使用新型活页式、工作手册式教材并配套开发信息化资源"的要求。随后教育部等九部门联合印发《职业教育提质培优行动计划(2020—2023年)》,对加强职业教育教材改革建设提出了"根据职业学校学生特点创新教材形态,推行科学严谨、深入浅出、图文并茂、形式多样的活页式、工作手册式、融媒体教材"的要求。根据以上相关文件要求,结合司法鉴定行业法律法规及技术规范要求,编写组严格按照新形态教材要求,校所

"双元"合作编写完成本教材。

强化课程思政：本教材全面贯彻习近平新时代中国特色社会主义思想，以社会主义核心价值观为引领，结合司法鉴定人职业道德要求，形成具有课程特色的素质目标，突出思政建设，以期取得润物无声的效果。

突出双创教育：教材编撰注重理论架构与实践体系深度融合，系统整合前沿技术手段与方法，同步预留自主探究空间；通过引入名人名言，构建价值引领模块，着力激发青年学子的创新潜能与创业意识，引导学习主体既能在未来的职业发展过程中恪守正道、开拓新局，又能在新时代新征程中积累具有示范价值的实践经验，以期达成激发创新内驱力的教育目标。

对接职业资格证书：教材五个模块紧密结合司法鉴定人准入登记实验室技能操作考核工作要求，教材具体内容、实操实训均与考核评审内容一致，为后续参加痕迹司法鉴定人执业资格考试打下坚实基础。

积极推进数字化：一方面根据未来学生工作场景的数字化要求，加大了教材的数字化改造提升，融入了许多数字化内容，如模块四中手印鉴定的基本程序引入了司法鉴定业务系统，手印鉴定方法中引入Photoshop等软件的操作方法和步骤；另一方面在教与学的活动中，充分利用在线平台、在线工具和在线资源。利用国家智慧教育公共服务平台、智慧职教、希沃品课等积极推进教材数字化，创新教学组织方式、师生互动方式，搭建自主式学习平台、真实性学习平台、合作式学习平台、跨学科学习平台，保证教学质量。

教材体例的创新：本教材是司法鉴定领域手印鉴定项目的第一本工作手册式教材，本教材兼具"立德树人根本任务""活页式装订方式""行动与成果导向""原创融媒体信息化资源""以学生为中心""校所合作双元主体编写"六大特点，以便更好地服务司法鉴定行业人才培养、实现职业教育提质培优的目的。

四、教材编写人员及分工

模块一：李雪黎、仲龙、陈琼；

模块二：刘剑、付琳、张维强；

模块三：邱现明、许珺；

模块四：仲龙、刘敬杰；

模块五：付琳、叶国荣；

全书由付琳统稿，仲龙审稿。

教材编写过程中，得到了司法职业教育教学指导委员会精心指导，得到了武汉警官职业学院的大力支持，尤其是得到了湖北省法学会警察法学研究会、湖北省司法鉴定协会、武汉市司法鉴定协会、湖北东湖司法鉴定所、湖北崇新司法鉴定中心、山东浩德司法鉴定中心、苏州崇法证据科学技术有限公司司法鉴定所、弘德网的大力支持和帮助，在此一并致谢！

由于教材编写时间紧，教材体例新，手印鉴定的新技术新方法持续更新，编写任务重，编者水平有限，书中一些新的观点和理论创新难免有不足之处，望广大读者、专家批评指正。

教材编写组
2025 年 4 月

目　录

模块一　潜在手印勘验 1

项目一　潜在手印勘验的流程 1
　　任务1　寻找发现潜在手印 1
　　任务2　显现潜在手印的基本流程 11
　　任务3　手印记录与提取 15

项目二　常见渗透性客体上潜在手印勘验 22
　　任务1　茚三酮显现技术 22
　　任务2　碘熏显现技术 26

项目三　常见非渗透性客体上潜在手印勘验 32
　　任务1　粉末显现技术 32
　　任务2　"502"胶显现技术 39
　　任务3　小颗粒悬浮液显现法 46

项目四　其他潜在手印勘验技术 50
　　任务1　血潜手印显现技术 50
　　任务2　胶带粘附面上潜在手印显现技术 59
　　任务3　灰尘手印显现技术 64
　　任务4　真空镀膜显现技术 70

模块二　手印分析 78

项目一　手印的形成与分类 78
　　任务1　手印的形成机理 78
　　任务2　手印的分类 82

项目二　手印的性状分析 85
　　任务1　手印的状态分析 85
　　任务2　检材指印鉴定条件的分析 87
　　任务3　样本指印比对条件的分析 89

项目三　可见指印的特征分析 92
　　任务1　皮纹特征分析 92
　　任务2　印面特征分析 113

模块三　样本手印收取 ·· 116

项目一　油墨捺印样本手印的收取 ······································· 116
　　任务1　活体手印样本采集 ·· 116
　　任务2　尸体手印样本采集 ·· 125
项目二　无油墨捺印样本手印的收取 ····································· 129
　　任务1　指纹采集仪手印样本采集 ······································ 129
　　任务2　显现提取手印样本采集 ·· 133

模块四　手印鉴定 ·· 136

项目一　手印鉴定的准备工作 ··· 136
　　任务1　手印鉴定的准备工作 ·· 136
项目二　手印检验鉴定 ·· 146
　　任务1　初步检验 ·· 146
　　任务2　分别检验 ·· 156
　　任务3　比较检验 ·· 164
　　任务4　综合评断 ·· 171
　　任务5　制作手印鉴定意见书 ·· 174

模块五　手印鉴定实训 ·· 181

项目一　常规手印鉴定实训 ·· 182
　　任务1　正常手印鉴定案例一（认定结论）······························· 182
　　任务2　正常手印鉴定案例二（否定结论）······························· 185
　　任务3　正常手印鉴定案例三（无法判断）······························· 190
项目二　疑难手印鉴定实训 ·· 193
　　任务1　残缺手印鉴定案例 ·· 193
　　任务2　浅淡手印鉴定案例 ·· 196
　　任务3　模糊手印鉴定案例 ·· 199
　　任务4　疑难手印鉴定案例 ·· 202

主要参考文献 ·· 207

后记 ·· 208

> 凡接触必留痕迹。
>
> ——【法】埃德蒙·洛卡德

模块一

潜在手印勘验

1. 项目背景及任务：依据手印鉴定相关技术标准和程序规范，系统开展多场景、多介质潜在手印勘验实务训练。通过标准化操作流程，精准定位、提取不同客体表面潜在手印，构建完整证据链基础，为后续检验鉴定提供具备法律效力的物证支撑。本模块重点培养学员在渗透性/非渗透性客体及特殊介质场景下的手印检验实战能力。

2. 知识目标：系统梳理潜在手印勘验全流程技术规范，重点解析渗透性/非渗透性客体表面潜在手印的理化特性差异，强化特殊介质痕迹提取的认知体系。通过三维痕迹辨识训练，使学生精准定位潜在手印的分布规律，系统掌握显现技术及标准化操作流程。

3. 能力目标：系统掌握手印勘验的基本原则、方法程序及标准化作业流程。着重提升多介质（包括汗液、油脂、血液、灰尘等）、多客体（包括玻璃、陶瓷、塑料、纸张、皮革、胶带、木质等）的潜在手印的发现和显现能力，通晓物理、化学、光学等显现技术的实施要点与操作禁忌，构建完整的潜在手印勘验显现技术应用能力体系。

4. 素质目标：秉承法治信仰与职业初心，恪守"证据为王"的工作准则。秉持科学客观的取证态度，锻造微米级精度的勘查素养，培育遵循技术规范的责任自觉，塑造追求极致的痕迹检验工匠精神。

5. 建议学时：12 学时。

项目一　潜在手印勘验的流程

任务 1　寻找发现潜在手印

【建议学时】2 学时。

【任务要求】本环节通过理论讲解与实操演练相结合的方式，系统掌握物证表面潜在手印的勘查定位原则，精准获取潜在手印显现的核心技术。要求学生能娴熟运用光学检测、物理显影等专业方法,精准完成各环节的准备工作,清晰建立标准化作业流程认知,高标准完成司法文书的制作与填写作业。流程步骤如下:

序号	工作步骤	要求	时间分配	备注
步骤1	了解案情	了解基本案情,掌握目标物基本情况	5 min	
步骤2	拟定潜在手印的寻找发现方法	拟定方案,做好各个工作环节的准备工作及物品准备	10 min	
步骤3	明确具体流程	依照寻找发现潜在手印的原则与方法,结合案件材料具体情况,确定工作流程	30 min	
步骤4	准确找到潜在手印的所在部位	依据现场寻找手印重点部位的规律,准确找到手印所在,不要留下新的手印或破坏手印	45 min	
步骤5	全面寻找	不要遗漏手印,认真细致地观察,保证全面客观地分析		

表 1-1

【任务背景】 某公司财务室发生入室盗窃案,作案人利用周末夜深人静之际,使用开锁工具打开财务室大门,进入室内对可能存放现金的地方进行了翻找。第二天,财务室工作人员发现门未关好、疑似被盗后,立即向领导汇报,并及时报案。侦查人员立即赶赴现场,并进行现场保护和现场勘查。经勘查发现门锁有被破坏的工具痕迹,在门把手、入室电灯开关、墙壁上均发现新鲜可疑潜在手印,室内窗帘呈关闭状,桌上有水杯,抽屉半开,地面有散落的票据。经询问财务室工作人员得知,被盗前办公室窗帘未关闭,水杯位置有变动,办公桌抽屉被撬开,且抽屉里面的10万元现金丢失、票据被翻动。根据工作人员的描述,结合现场勘查情况,分析在门把手、电灯开关、墙壁、水杯、抽屉、票据等处极有可能留有作案人的手印。为保障后续有效的取证工作,现场勘查人员需要逐一寻找发现潜在可疑手印。

【任务材料】 模拟犯罪现场中,可能存在各类型承痕客体,根据该案犯罪现场勘查情况,将可能留有潜在手印的各类承痕客体情况归纳如下:

承痕客体情况					
序号	品名	属性	数量	颜色	备注
1	办公桌	油漆木(光滑非渗透性客体)	1	灰色	
2	水杯	玻璃(光滑非渗透性客体)	1	透明	
3	电灯开关	塑料(光滑非渗透性客体)	1	白色	
4	门把手	金属(光滑非渗透性客体)	1	银色	
5	票据	纸张(光滑渗透性客体)	1	彩色	
6	墙壁	石膏(非光滑渗透性客体)	1	白色	
7	窗帘	纺织品(非光滑渗透性客体)	1	彩色	

续表

| 8 | 钱包 | 皮制品（非光滑渗透性客体） | 1 | 棕色 | |

表1-2

【任务内容】

步骤一：了解现场手印的类型，各类承痕客体的属性及特点。

1. 现场手印有可见手印（墙壁上黑色灰尘手印）和潜在手印（汗潜手印）；
2. 分析介质是液体（如汗液）还是固体（如灰尘）；
3. 分析承痕客体是渗透性客体还是非渗透性客体；
4. 分析承痕客体表面是否光滑整洁；
5. 依照后续流程如实填写勘验笔录（如图1-1至图1-5所示）。

现场勘验笔录

现场勘验单位：＿＿＿＿＿＿＿＿＿＿＿＿＿＿＿＿＿＿＿＿＿＿＿＿＿＿

指派/报告单位：＿＿＿＿＿＿＿＿＿＿ 时间：＿＿年＿＿月＿＿日＿＿时＿＿分

勘验事由：＿＿＿＿＿＿＿＿＿＿＿＿＿＿＿＿＿＿＿＿＿＿＿＿＿＿＿＿＿

＿＿＿＿＿＿＿＿＿＿＿＿＿＿＿＿＿＿＿＿＿＿＿＿＿＿＿＿＿＿＿＿＿＿

现场勘验开始时间：＿＿＿年＿＿＿月＿＿＿日＿＿＿时＿＿＿分

现场勘验结束时间：＿＿＿年＿＿＿月＿＿＿日＿＿＿时＿＿＿分

现场地点：＿＿＿＿＿＿＿＿＿＿＿＿＿＿＿＿＿＿＿＿＿＿＿＿＿＿＿＿

现场保护情况：＿＿（空白处记载保护人、保护措施、是原始现场还是变动现场等情况）

天气：阴□ 晴□ 雨□ 雪□ 雾□， 温度：＿＿＿ 湿度：＿＿＿ 风向：＿＿＿

勘验前现场的条件：变动现场□ 原始现场□

现场勘验利用的光线：自然光□ 灯光□

现场勘验指挥人：＿＿＿＿ 单位：＿＿＿＿＿＿＿ 职务：＿＿＿＿＿

现场勘验情况：＿＿（空白处记载现场勘验详细情况，包括现场方位和现场概貌、中心现场位置、现场是否有变动、变动的原因、勘验过程、提取痕迹物证情况、现场周边搜索情况、现场访问情况以及其他需要说明的情况）＿＿＿＿＿＿＿＿＿＿＿＿＿＿＿＿

＿＿＿＿＿＿＿＿＿＿＿＿＿＿＿＿＿＿＿＿＿＿＿＿＿＿＿＿＿＿＿＿＿＿

＿＿＿＿＿＿＿＿＿＿＿＿＿＿＿＿＿＿＿＿＿＿＿＿＿＿＿＿＿＿＿＿＿＿

＿＿＿＿＿＿＿＿＿＿＿＿＿＿＿＿＿＿＿＿＿＿＿＿＿＿＿＿＿＿＿＿＿＿

第 页 共 页

(接上页)

现场勘验制图_____张；照相_____张；录像_____分钟；录音_____分钟。

现场勘验记录人员：

笔录人：_____

制图人：_____

照相人：_____

录像人：_____

录单人：_____

现场勘验人员：

本人签名：_____单位：_____职务：_____

本人签名：_____单位：_____职务：_____

本人签名：_____单位：_____职务：_____

本人签名：_____单位：_____职务：_____

本人签名：_____单位：_____职务：_____

本人签名：_____单位：_____职务：_____

现场勘验见证人：_____

本人签名：_____性别：_____出生日期：_____住址：_____

本人签名：_____性别：_____出生日期：_____住址：_____

年　　月　　日

第　页　共　页

图 1-1

附件1

提取痕迹、物证登记表

序号	名称	基本特征	数量	提取部位	提取方法	提取人	备注

见证人：　　　　　　　　　　　　　　　　　　办案单位（盖章）

　　　　　　　　　　　　　　　　　　　　　　提取人：

　年　　月　　日　　　　　　　　　　　　　　年　　月　　日

图 1-2

附件 2

现场勘验平面示意图

制图人：_____

制图时间：_____

图 1-3

附件3

现场照片

照相人：_____

照相时间：_____

图1-4

附件 4

现场勘验情况分析报告

案件编号：　　　　　　　　　　　　　　　　　　　　　　　　　　勘查号：

现场分析依据的资料	（包括实验勘验、调查访问和检验鉴定等资料）
侵害目标及损失	
作案地点	
作案时段	作案进出口
作案手段	侵入方式
作案工具	（包括用于破坏、威胁、行凶、交通、照明的工具及其数量和特征等）
作案动机与目的	
案件性质	
作案人数	
作案过程	
作案人特点	
串并意见与根据	
工作建议	（包括侦查方向与范围、痕迹物证应用与保管、侦查破案途径与措施、技术防范对策等）
现场分析人	

　　　　　　　　　　　　　　　　　　　　　　　　　　　　年　　月　　日

图 1-5

步骤二：拟定寻找潜在手印的方法。

1. 多波段光源检测法——运用可调式多波段光源，通过调整入射角度和强度参数，利用手印介质与客体表面之间的折射率差异，在反射/透射光路中形成目视可见的手印。

（1）严格按照物证保护规范，穿戴好无尘发套、医用橡胶手套及防静电鞋套；使用前核查防护装备的密闭性与完整性。

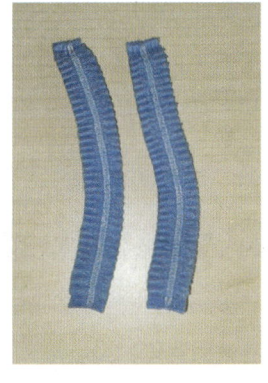 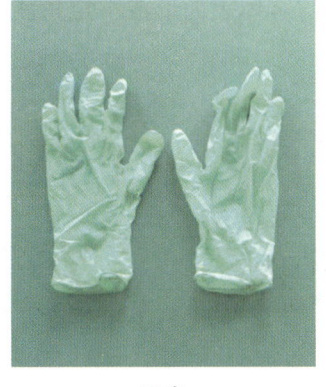 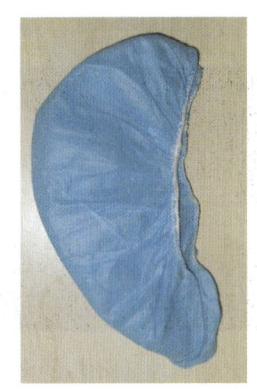

　　　　发套　　　　　　　　　　　手套　　　　　　　　　　　鞋套

（2）准备好多波段光源及对应波段的护目镜；

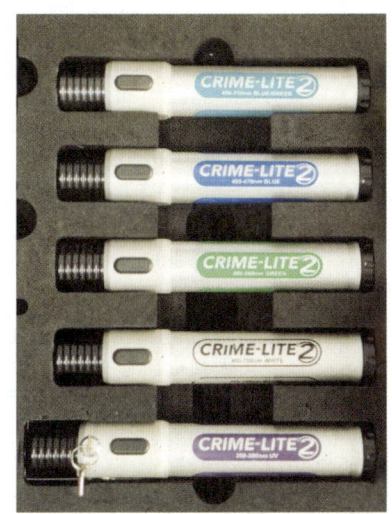 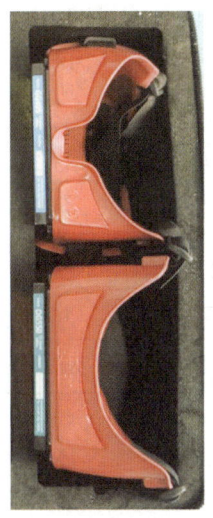

　　　　　多波段光源　　　　　　　　　　　　　护目镜

（3）调试好相机、摄像机、扫描仪等相关设备；

  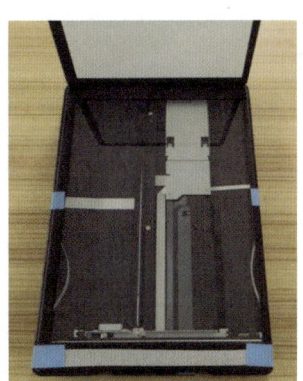

　　　　相机　　　　　　　　　　摄像机　　　　　　　　　　扫描仪

（4）针对不同待显客体特性，应优先选用高对比度的多波段组合光源，采取多角度侧光或透射光照射，通过视线与客体表面形成一定角度来观察潜在手印。

侧光（透明/不透明客体）　　　　　　　透射光（透明客体）

2. 显现观察法——对于渗透性客体表面的潜在手印，无法直接使用光学检测手段进行观察寻找时，可通过在可能留有手印的重点部位进行较大面积的物理或化学显现，从而达到以显代寻的目的。

步骤三：明确具体流程。根据现场手印勘查的要求展开具体勘查工作（如下表所示）。

序号	寻找发现手印的基本要求	寻找发现手印的注意事项
1	不遗漏现场手印	先重点后一般
2	不破坏现场手印	先静观后动观
3	不遗留新的手印	先戴手套后动手
4	不以显现代替寻找	先观察后显现

表 1-3

1. 光滑非渗透性客体。可选用光照（透射光、反射光）观察法，或配合"哈气"法，或使用碘熏法、烟熏法、粉末显现法、"502"胶熏显法、小颗粒悬浮液显现法，按照由低到高、由主到次的空间顺序依次寻找发现。

2. 渗透性客体。使用光学检验法、碘熏显现法、硝酸银显现法、茚三酮显现法、茚二酮显现法、DFO显现法、真空镀膜显现法等，直接进行局部或整体显现，直至找出手印。

步骤四：准确找到潜在手印的所在部位。依据犯罪现场中作案人手印的遗留规律，确定寻找发现手印的重点部位（如下表所示）。

序号	寻找发现手印的重点部位
1	现场的中心部位（指犯罪活动的目标物及相关物体，作案活动中被挪动、翻动、毁坏、拆离、侵害、破坏、遗弃的物品等）
2	现场进出口和作案途径以及可能接触的物品（出、入口处、门、窗、攀登物等）
3	作案工具和现场遗留物（就地取材，从外围现场带入中心现场，犯罪嫌疑人自备、自制，随身携带的物品遗弃在现场）

序号	寻找发现手印的重点部位
4	必须接触的物品和部位（照明设备和擦洗器具等）

表 1-4

步骤五：全面寻找。根据任务要求完成对上表 1-4 中的各类客体上潜在手印的发现寻找，并熟练掌握操作技巧。

【任务作业】请在下表中选择不同承痕客体上潜在手印的最佳发现方法。

<table>
<tr><td colspan="6">不同承痕客体上潜在手印的显现方法选择</td></tr>
<tr><td>序号</td><td>品名</td><td>属性</td><td>数量</td><td>颜色</td><td>方法</td></tr>
<tr><td>1</td><td>办公桌</td><td>油漆木（光滑非渗透性客体）</td><td>1</td><td>灰色</td><td>□光照观察/□以显代寻</td></tr>
<tr><td>2</td><td>水杯</td><td>玻璃（光滑非渗透性客体）</td><td>1</td><td>透明</td><td>□光照观察/□以显代寻</td></tr>
<tr><td>3</td><td>电灯开关</td><td>塑料（光滑非渗透性客体）</td><td>1</td><td>白色</td><td>□光照观察/□以显代寻</td></tr>
<tr><td>4</td><td>门把手</td><td>金属（光滑非渗透性客体）</td><td>1</td><td>银色</td><td>□光照观察/□以显代寻</td></tr>
<tr><td>5</td><td>票据</td><td>纸张（光滑渗透性客体）</td><td>1</td><td>彩色</td><td>□光照观察/□以显代寻</td></tr>
<tr><td>6</td><td>墙壁</td><td>石膏（非光滑渗透性客体）</td><td>1</td><td>白色</td><td>□光照观察/□以显代寻</td></tr>
<tr><td>7</td><td>窗帘</td><td>纺织品（非光滑渗透性客体）</td><td>1</td><td>彩色</td><td>□光照观察/□以显代寻</td></tr>
<tr><td>8</td><td>钱包</td><td>皮制品（非光滑渗透性客体）</td><td>1</td><td>棕色</td><td>□光照观察/□以显代寻</td></tr>
</table>

表 1-5

任务 2　显现潜在手印的基本流程

【建议学时】1 学时。

【任务要求】通过本实训活动，要求学生准确掌握不同客体表面的各类介质手印的显现方法的选择，系统掌握各种显现方法的适用范围与操作时序规范，并能规范完成实验报告。本任务实施流程步骤如下：

序号	工作步骤	要求	时间分配	备注
步骤 1	掌握基本原则	熟知手印显现的基本原则	10 min	
步骤 2	把握基本程序	根据不同显现方法的范围及特性，掌握手印显现方法的选择流程及工作程序	20 min	
步骤 3	正确选择显现方法	根据实际案例合理选择显现方法及后续方法	15 min	

表 1-6

【任务背景】在一些较为复杂的犯罪现场，痕迹类型繁多，待显客体也各不相同，手印的勘验技巧与程序也更加复杂。为了全面高效地勘验现场手印，需要熟练掌握各种显现方法及方法之间的补充关系。

【任务材料】模拟犯罪现场可能存在的各种类型承痕客体。

承痕客体情况					
序号	品名	属性	数量	颜色	备注
1	办公桌	油漆木（光滑非渗透性客体）	1	灰色	
2	水杯	玻璃（光滑非渗透性客体）	1	透明	
3	电灯开关	塑料（光滑非渗透性客体）	1	白色	
4	门把手	金属（光滑非渗透性客体）	1	银色	
5	票据	纸张（光滑渗透性客体）	1	彩色	
6	墙壁	石膏（非光滑渗透性客体）	1	白色	
7	窗帘	纺织品（非光滑渗透性客体）	1	彩色	
8	钱包	皮制品（非光滑渗透性客体）	1	棕色	

表 1-7

【任务内容】

步骤一：熟练掌握不同现场潜在手印显现的基本原则。

1. 先观察后显现：能够根据不同承痕客体的表面结构、反差强弱及特定介质的发光性能等条件，选用不同的光源和不同的光学观察法去寻找发现手印，确定手印状态后，再进行显现。

2. 先拍照后显现：在实施不同客体潜在手印显现手段及关键程序之前，应当采取比例照相进行固定。

3. 边显现边固定：显现方法的过程烦琐，尤其是一些化学显现，流程繁杂，因此每个环节步骤都应该及时有效记录固定。

4. 先非接触后接触显现：显现方法通常先采用非接触式的方法（如光照显现、熏显类的显现），再使用器具接触式的理化显现方法，优先保障手印的原始性与完整性，在接触显现前，先提取和固定潜在手印上的 DNA 生物物质。

5. 先无损后有损显现：优先选用物理的无损显现方法，保证手印介质的原始性与完整性，再使用化学显现的有损方法。后续的显现方法是前置方法的增效与补充，前置方法不会影响后续方法的继续使用，尤其是化学显现所需的成分不会被破坏。

当然先后顺序在理论上是相对的，也有个别方法是根据自身的损耗情况单独而定。例如，真空镀膜技术与荧光显现技术，通常先使用无损的荧光显现，但是客体自身荧光过强的时候，则需要先使用真空镀膜技术掩盖客体荧光，从而更好地显现手印介质荧光。

6. 综合运用有效方法：充分发挥各种方法的优势，避免单一显现，根据材料特性相互补充，达到最佳显现效果。

7. 方法简单有效：综合考量所有方法，根据介质及客体材料属性选择最优方案，在效果不受影响的前提下,选择简便的方法为宜。

8. 操作规范严格:无论何种方法,都应严格按照相应的规范流程进行操作,不能缩减步骤或随意操作。

9. 先实验后显现:对某些不确定效果的客体显现,为了排除干扰或明确效果,应当根据实际情况,在相近的条件下进行预实验,测试方法的有效性。经反复测试证明该方法稳定有效,则进行正式显现。

步骤二:显现基本程序。

1. 显现前仔细观察并分析客体及介质、新鲜度等因素;
2. 按照正确顺序综合运用多种显现方法;
3. 显现后的加强处理显现,包括增强和减薄。

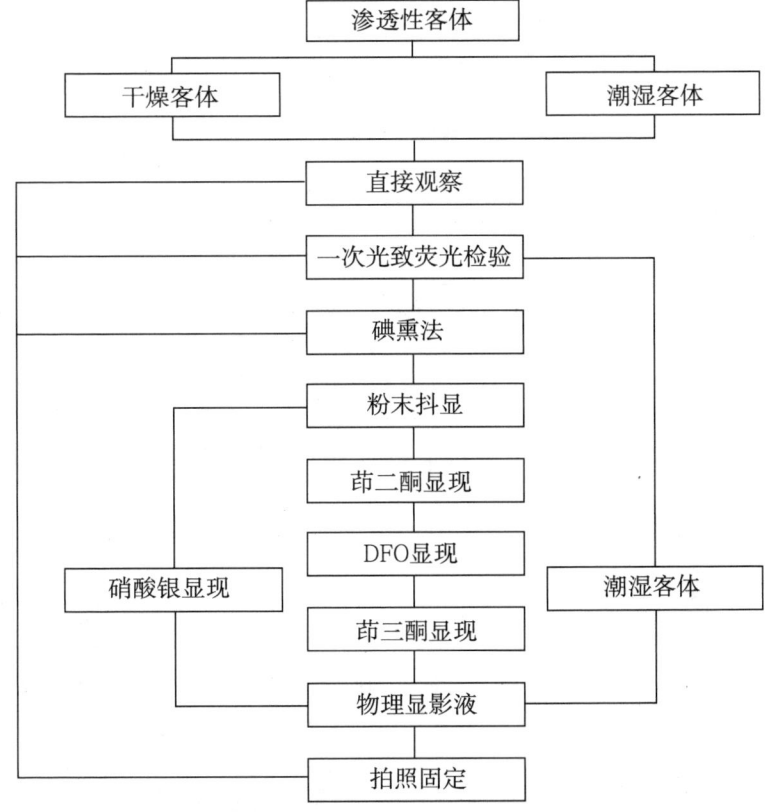

渗透性客体汗潜手印显现流程

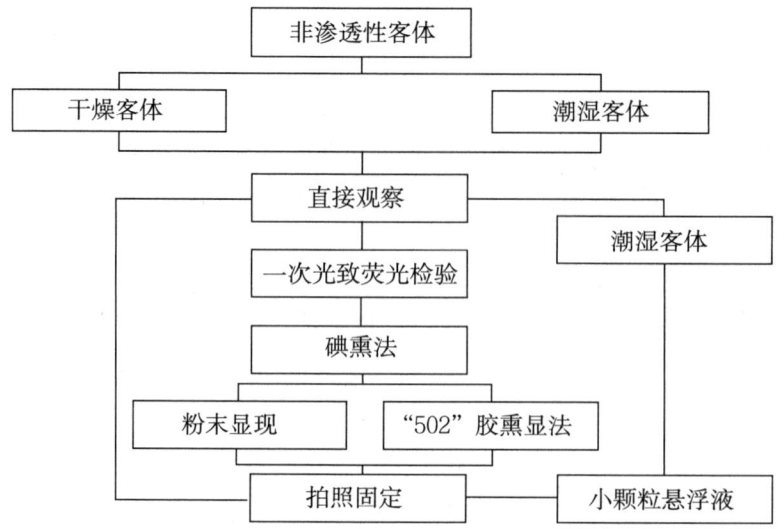

非渗透性客体汗潜手印显现流程

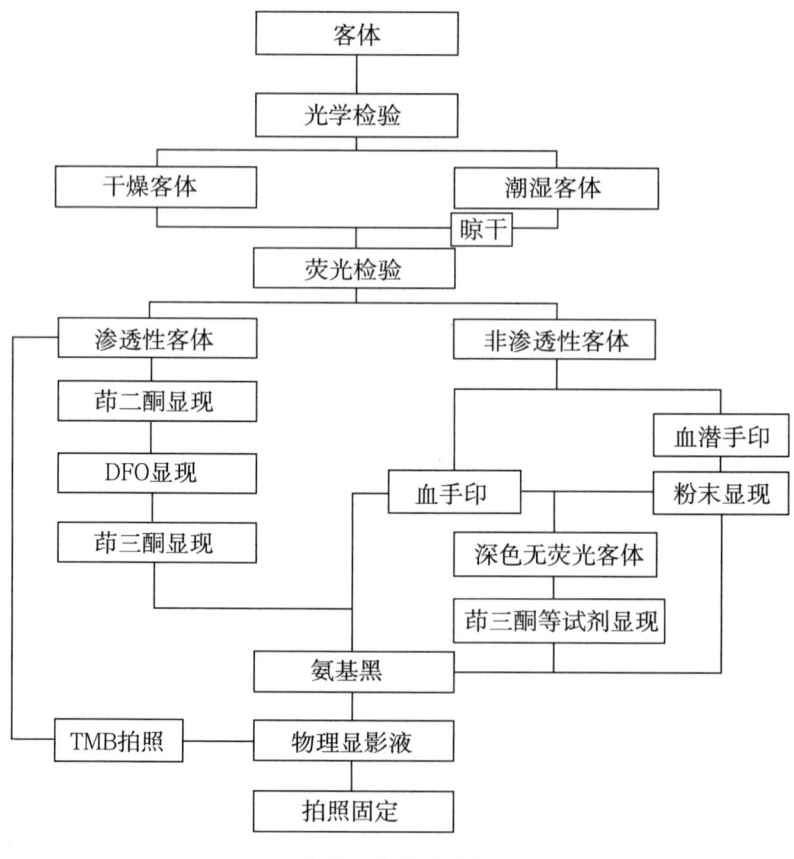

血潜手印显现流程

步骤三：根据任务场景选择正确的显现方法。

根据待显客体及手印情况选择显现方法					
序号	承痕体	介质	方法1	方法2	方法3
1	办公桌	灰尘手印			
2	水杯	汗液手印			
3	电灯开关	血手印			
4	门把手	血潜手印			
5	票据	汗液手印			
6	墙壁	血潜手印			
7	窗帘	血手印			
8	钱包	汗液手印			

表 1-8

任务3 手印记录与提取

【建议学时】1学时。

【任务要求】通过本任务的系统化训练，要求学生掌握不同承痕客体及各类介质手印的显现技术，能够依据物理化学显现原理选取适配的固定提取方法，独立完成实验作业并形成规范报告。实操流程步骤如下：

序号	工作步骤	要求	时间分配	备注
步骤1	掌握手印记录的方法	熟知并掌握各种手印记录的方法与要求	10 min	
步骤2	手印提取固定	根据不同显现方法，选择合适的提取固定方式	20 min	
步骤3	正确选择提取方法	根据实际案例合理、全面进行记录提取，填写记录	15 min	

表 1-9

【任务背景】在任务2中，面对各种客体及显现方法，综合拟定完整有效的勘验方案尤为重要，需要熟练掌握在各种客体上，不同显现方法与提取方法的补充与对应关系。

【任务材料】同任务2。

【任务内容】

步骤一：根据现场情况，熟悉、掌握手印记录的方法与规范。

现场手印记录是通过照相、摄像、文字记载、绘制示意图等方式，对犯罪现场的整体与细节情况、案件相关信息以及勘验流程进行客观、全面记录的重要过程。它是为后续检验工作提供物证检验信息的重要勘查环节。

1. 记录方法。

序号	方法名称	方式	特点
1	照相记录法	即使用照相机根据现场勘查中刑事摄影的方法与规则，直观拍摄记录现场环境及物证	形象具体，将特征细节进行如实记载
2	摄像记录法	即使用摄像机根据现场勘查的规则，以拍摄实时影像的方式记录现场环境及物证情况	连续性强，可全面了解现场时空关系或人员活动情况
3	文字记录法	即通过《现场勘验笔录》等文字记载的方式对现场进行详细描述	本方法虽缺乏直观性，但它既可以描述记录案件及物品相关信息；又可以记载抽象信息（如天气、时间、现场访问情况等）
4	绘图记录法	即结合犯罪现场的情况，依据现场勘查的规则，绘制物证痕迹与犯罪现场的关系示意图，通过绘制示意图展示各个物证痕迹之间的关联性	直观、简洁、明了，犯罪信息整体逻辑关系较为明确

表 1-10

2. 记录内容。

序号	记录内容	
1	手印的具体位置	被记录手印所处的空间区域及所在的物体的具体位置
2	手印的朝向	手印指尖、指根等具体部位的具体指向
3	手印的相互关系	多个手印在同一物体或一定区域范围内，相互之间的位置、角度、间隔等排列关系
4	手印的成分	主要是手印介质的分析记录，也包括介质中混杂的污染物
5	手印的种类	根据手印的分类方式，详细记载手印的类型（详见模块二、项目一、任务2）
6	承痕体情况	承痕体名称，材质性状，形状大小，物面光洁度，渗透性，物面形变情况等
7	手印与其他痕迹的关系	主要记载案件中，手印与其他主要痕迹（如足迹、工具痕迹等）的位置距离与相互关系

续表

序号		记录内容
8	手印的显现提取方法	客观记载手印的显现方法与提取固定方式

表 1-11

步骤二：手印提取固定。

手印的提取固定，是勘验中非常重要的一个环节，是将显现后的手印长期固定保存的重要活动，后续进行深入检验并作为证据使用。

1. 照相提取法。照相提取法是现场勘查中最常用的方法，是记录、提取、固定的首选之法。

（1）基本要求：手印完整不变形；纹线结构反映清晰；细节特征清晰；注意放大比例，贴放比例尺。

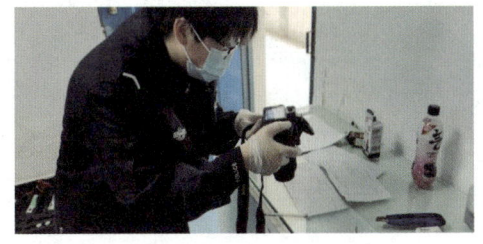

相机垂直拍摄　　　　　　　　　　贴放比例尺

（2）基本方法：原物照相法、比例照相法、定向反射照相法、分色照相法、荧光照相法、紫外反射照相法、全光谱 ccd 照相法。

（3）注意事项：①相机镜头主光轴与被拍区域中心垂直；②分别拍摄特写照片、局部照片、全貌照片；③贴放比例尺；④根据介质和承痕体选择最佳光源及入射角度。

2. 摄像提取法/扫描仪扫描提取法（同照相提取法）。

3. 指纹胶带提取法：使用指纹胶带将粉末显现、烟熏显现出来的手印，或者光滑客体上灰尘加层手印直接进行提取的方法。

（1）胶带匀速撕开足够长度，并透光观察其洁净程度。

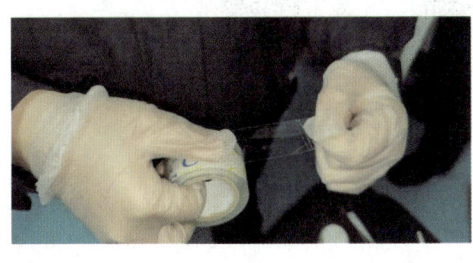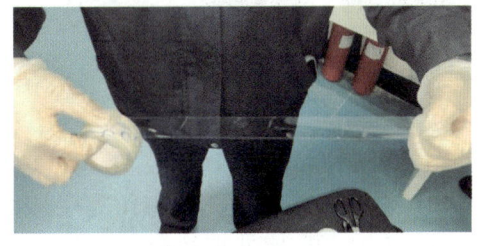

撕开胶带　　　　　　　　　　　透光观察

（2）应用胶带在整洁区域粘取手印，需根据被提取物体及手印的位置，调整好胶带位置后，将一端按压固定于物面之上，用拇指或食指的指腹，沿胶带固定端开始推碾、压平至另一端（尽量减少气泡的产生）。

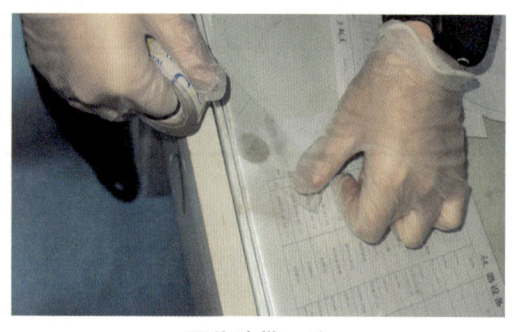
压住胶带一端

用指腹推压

(3) 用手指压好顶端固定点,匀速向后拉起胶带直至固定点立即停止。

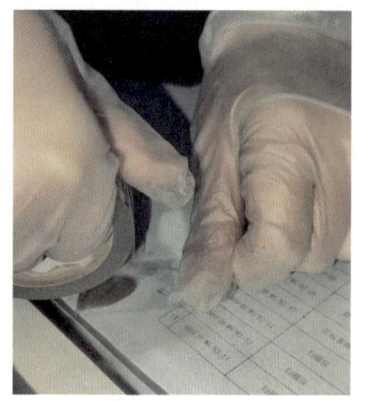
压住一端

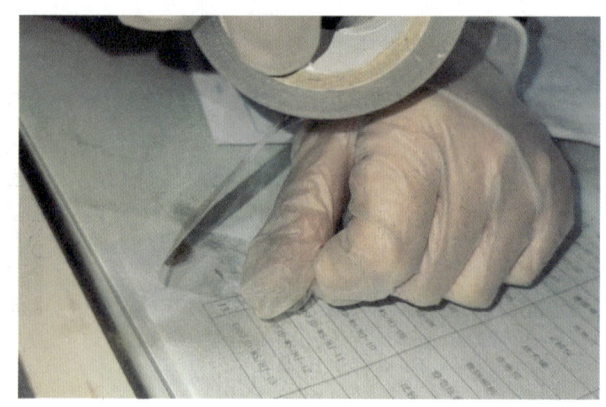
匀速向后端拉起

(4) 将固定端粘附在衬纸上,衬纸放置于胶带固定端下方处,指腹自胶带固定端推碾至另一端,重复指腹推碾动作,将手印压平于衬纸上,剪掉多余胶带。

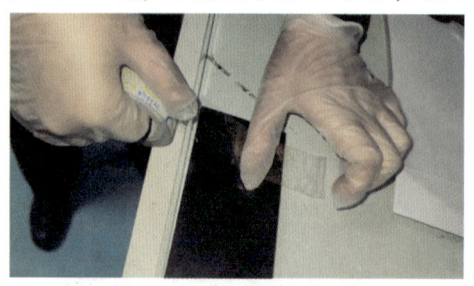
压住一端后推压

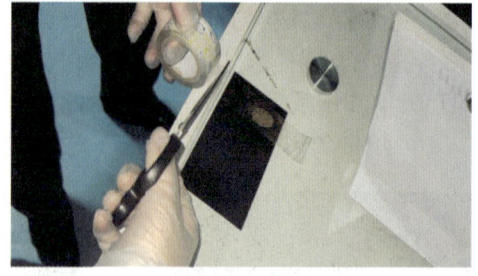
剪掉多余胶带

(5) 做好标记,整理物品。

4. 实物提取法。是指将遗留有手印的较小物体原物整体固定提取,这是检验的原始材料,有利于鉴定的特征分析与解释说明。原物较贵重的情况下,需要征得物主或上级主管部门的同意。案件办结后应及时归还。

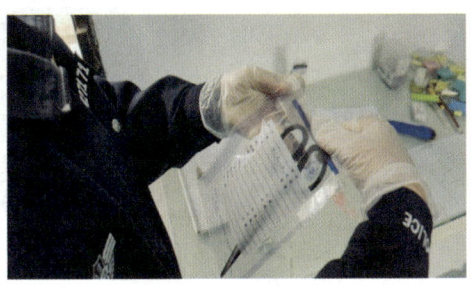
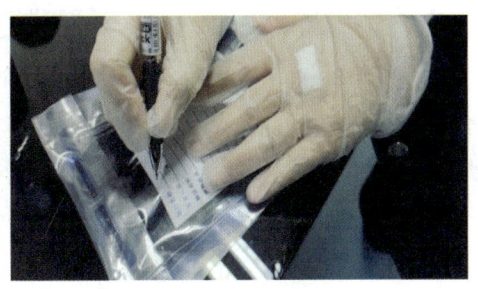

将物证放入物证袋并封存　　　　　　　　填好标记信息

5. 制模提取法。制模提取法主要用于立体手印的提取和固定。通常拍照后，使用藻酸盐印模粉调成稀糊状倒入痕迹，等待成模，清理固定好即可。

（1）将立体手印外围建立围墙，防止藻酸盐印模粉液或使用硅橡胶、石膏液等渗出。若是灰尘类的轻质承痕体，可先用适量的灰尘固定剂预先固定处理。

斜上仰角喷洒固定剂，防止直喷　　　　　可多次喷洒固定剂以强化效果

（2）迅速（1分钟内）均匀调制藻酸盐印模粉液至稀糊状。

将藻酸盐印模粉与水混合　　　　　　　　快速均匀搅拌

（3）从围墙边角或手印外围开始缓慢倒入藻酸盐印模粉液，灌满覆盖手印表面。

灌注藻酸盐印模粉液

灌满手印底面

（4）可放入封签或绳套，手印较大时可放入支撑骨架，继续灌注藻酸盐印模粉液至饱满。

（5）等待干固成型，轻轻侧面托起后用小水缓慢清洗，去除表面杂物，不要破坏藻酸盐印模。

干固托起

倾斜缓慢冲洗

（6）自然晾干成型，观察效果。

自然侧光

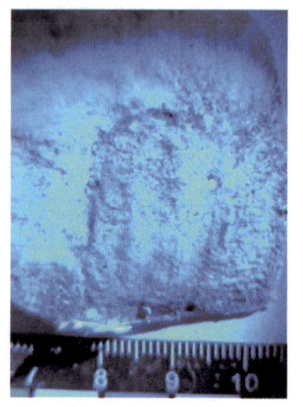
多波段光源侧光

【任务作业】根据任务1中模拟犯罪现场和任务2中的答案，填写以下表单（方法可多样性，但要与前后步骤相关联），完成任务1中《现场勘验笔录》。

序号	承痕体	介质	显现方法	记录方法	提取方法
1	办公桌	灰尘手印			

续表

序号	承痕体	介质	显现方法	记录方法	提取方法
2	水杯	汗液手印			
3	电灯开关	血手印			
4	门把手	血潜手印			
5	票据	汗液手印			
6	墙壁	血潜手印			
7	窗帘	血手印			
8	钱包	汗液手印			

表 1-12

项目二 常见渗透性客体上潜在手印勘验

任务1 茚三酮显现技术

【建议学时】 1学时。

【任务要求】 了解茚三酮的性能及显现手印的基本原理、适用范围,掌握使用茚三酮显现常见客体上汗潜(新鲜汗潜手印和陈旧汗潜手印)手印的基本方法、后续处理方法及注意事项,能够正确提取并固定显现后的手印。具体流程如下:

序号	工作步骤	要求	时间分配	备注
步骤1	了解案情	了解基本案情,掌握待显客体基本情况及影响因素	5 min	
步骤2	准备工作	拟定显现方案,做好各工作环节的准备工作及备好所需要的物品	5 min	
步骤3	寻找发现	尽可能寻找发现与案件有关联性的潜在手印,精准显现	5 min	
步骤4	显现操作	选择恰当的操作方法,尽可能显现出所有手印	15 min	
步骤5	固定提取	依据具体的显现方法和承痕客体物理属性,进行有效固定	5 min	
步骤6	质量分析	分析手印的显现提取质量,决定是否需要进一步处理	10 min	

表 1-13

【任务背景】 在一起绑架勒索案件中,某县公安局接到报警电话,称该县某村2名村民被绑架,下落不明,经调查,失踪者是该村村民杨某某(女,32岁)和汤某某(女,25岁),侦查人员在汤某某家的桌子上发现一封装在普通牛皮纸信封里的勒索信,信封及信纸上极有可能留有作案人的汗潜手印,因此需尽快显现潜在手印,并对其显现效果进行分析,判断是否需要进一步强化处理。

【任务资料】

待显客体情况					
序号	品名	属性	数量	颜色	备注
1	信封	牛皮纸(光滑半渗透性客体)	1	浅褐色	
2	信	A4复印纸(光滑渗透性客体)	1	白色	

表 1-14

【任务内容】

步骤一：了解案情。

1. 掌握待显客体的基本情况，如汗液新鲜程度，物理属性（软硬程度、表面光洁度、颜色、渗透性、被显现客体的条件等）。

2. 分析现场环境及人为影响因素，如空气湿度、温度、有无人为破坏等。

步骤二：准备工作。

1. 依据痕迹构成要素及环境影响因素，拟定最佳显现方案。由于被显现客体为纸张，介质极有可能为汗液，符合茚三酮试剂的显现范围。

（1）显现原理：茚三酮与汗液中的氨基酸、蛋白质的裂解产物一级胺和二级胺发生反应，经加热或光线照射，最初分解产生二氧化碳、氨气和醛类化合物及被还原的茚三酮，被还原的茚三酮与裂解产生的氨及未反应的茚三酮发生分子间缩合反应，最终生成深紫色或蓝紫色的络合物——鲁赫曼紫。

（2）适用范围：适用于各种浅色纸张、票证、本色木、牛皮纸及浅色纺织品等渗透性或半渗透性客体上遗留的新鲜汗潜手印或陈旧性汗潜手印。另外，也可与人体大部分体液（如唾液、尿液、精液、阴道分泌物等）发生反应，呈蓝紫色。

（3）试剂配制：

①茚三酮丙酮溶液：1g~5g 茚三酮溶于 100ml 丙酮中，可配成茚三酮丙酮溶液。

②茚三酮乙醇溶液：1g~5g 茚三酮溶于 100ml 无水乙醇中，可配成茚三酮乙醇溶液。

③茚三酮丙酮石油醚溶液：3g~5g 茚三酮溶于 65ml 丙酮和 35ml 石油醚的混合液中，搅拌均匀，可配成茚三酮丙酮石油醚溶液，可放入磨砂棕口瓶中长期保存。

以上三种试剂配方，适用于浅色纸张、票券、牛皮纸、本色木等一般客体表面上的新鲜汗潜手印或陈旧汗潜手印。

④茚三酮乙醇氟利昂溶液：3g~5g 茚三酮溶于 15ml 无水乙醇和 85ml 氟利昂 133 的混合液中，可配成茚三酮乙醇氟利昂溶液。适用于圆珠笔等油墨字迹客体表面上的手印显现，防止字迹油墨扩散。

（4）注意事项：

①茚三酮显现液内服会中毒，切勿入口。

②配制茚三酮显现液及进行显现操作时，要避免茚三酮颗粒或显现液接触皮肤。

③茚三酮显现液有强烈的刺激性气味，对呼吸系统有刺激，实验操作时应戴好口罩，保持空气流通。

④由于茚三酮与汗液中的氨基酸发生化学反应生成的蓝紫色络合物（鲁赫曼紫）易溶于水，因此茚三酮显现法不适用于浸泡在水中的客体或潮湿的客体，且显出的手印应置于通风、干燥的地方保存。

2. 依据显现方案准备所需的显现材料。茚三酮（溶液）、茚三酮熏显柜、镊子（银色金属）、手套（橡胶）、口罩、相机或扫描仪、比例尺、物证袋（透明塑料）。

步骤三：寻找发现。

依照模块一项目一任务1的内容，在信封和信纸上寻找确定可能遗留手印的重点部位，并通过以显代寻的方式在信封和信纸上发现新鲜汗潜手印或陈旧汗潜手印。

信封

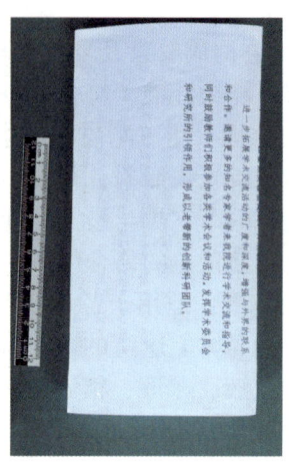

信件

步骤四：显现操作。

1. 使用涂液法、浸泡法、喷雾法将茚三酮丙酮溶液均匀覆盖被显现客体表面。

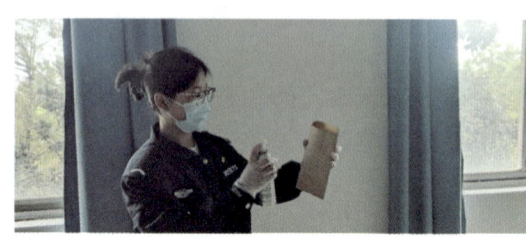

茚三酮喷罐

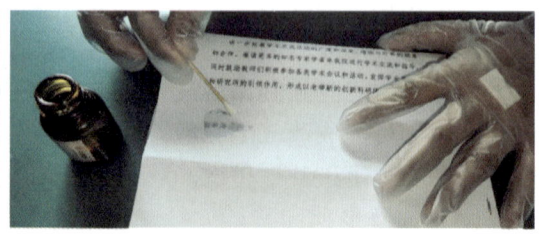

点蘸涂抹式

2. 上述方法操作完成后，将其进行晾干或风干，静置于室温18℃～25℃左右的环境中，观察是否缓慢显现出紫色手印。若出现紫色手印，则进行提取固定（见步骤五）；若没有出现紫色手印，则需进行下一步。

3. 将被显现客体放入茚三酮熏显柜，在加热皿中加入适量蒸馏水，在100℃水蒸汽中加热10秒左右，取出被显现客体。

模块一　潜在手印勘验

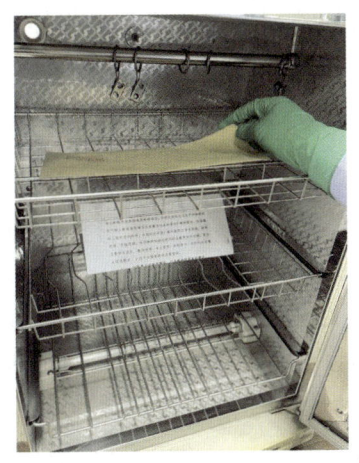

将待显客体放入熏显柜

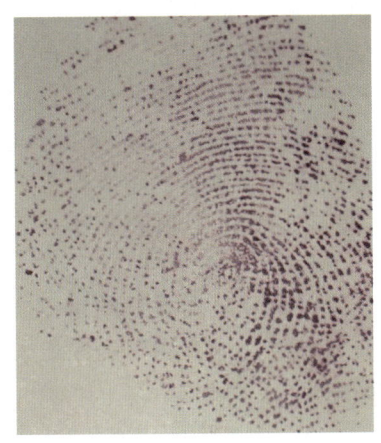

显现后手印

步骤五：固定提取。

1. 将显现出的手印进行观察及拍照或用扫描仪扫描（请将比例尺放置于待检客体边缘）。

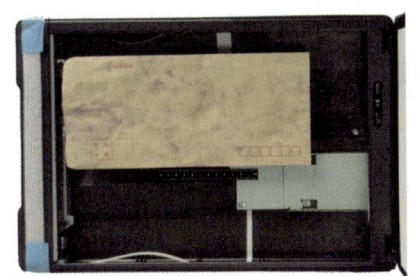

将显现后客体水平放置于文稿台

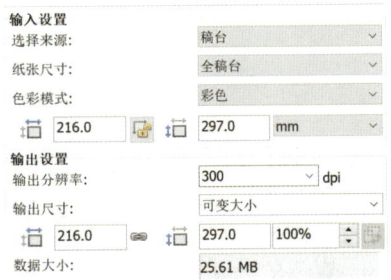

分辨率1200dpi 以上

2. 将其放入物证袋中进行保存，收拾好其余物品。

步骤六：质量分析。

1. 操作全程须佩戴手套，防止技术人员在操作过程中于被显客体表面遗留新的手印。茚三酮显现法对字迹、墨水、纸张、体液、纤维、毛发、书画等物证的检验会产生影响，使用前最好先提取其他物证。

2. 显现液喷洒要均匀，避免因着色不一导致手印显现效果较差。

3. 如实验室无茚三酮熏显柜，可用其他方法代替。

（1）在一般条件下，如室温在18℃~25℃左右，几小时后即可显现出。冬季环境温度较低时，可能1天~2天才能显出手印。

（2）如需加急，可采用加热的方法，根据条件就地取材。如将待显客体置于装有开水的广口容器上方熏蒸；或置于相对湿度80%~100%，温度50℃~70℃的温湿箱内显现20分钟~30分钟左右；或在100W灯光下烤约20分钟~30分钟；或用蒸汽电熨斗熨烫5秒~20秒左右（需垫4~5张复印纸，避免直接接触，导致水汽将显出的手印溶

· 25 ·

解）；或用热吹风机吹等。加热时间不要太长，温度不宜过高，否则容易损坏被显现客体，或使被显现客体表面普遍着色，影响显现质量。加速方法会使手印消失较快，保存时间较短，应及时照相或高清扫描固定。

4. 被蛋白质污染的客体表面，也能显现出紫色。对施胶较多的纸张，需注意显现程度，颜色较深会影响手印清晰度。

5. 尽量使用新配制的新鲜溶液。如使用陈旧溶液应事先做试验，以确保显现质量。

以上都是保障显现质量的常规方法，由于待显手印的形成质量不可控，显现过程应当选择最佳的操作方法，确保最大限度地还原现有待显手印的特征，使之清晰可辨。

【拓展知识】

任务2 碘熏显现技术

【建议学时】 1学时。

【任务要求】 了解碘单质的性能及显现手印的基本原理、适用范围，掌握使用碘单质显现常见客体上汗潜（新鲜汗潜手印和陈旧汗潜手印）手印的基本方法、后续处理方法及注意事项，能够正确提取并固定显现后的手印。具体流程如下：

序号	工作步骤	要求	时间分配	备注
步骤1	了解案情	了解基本案情，掌握待显客体基本情况及影响因素	5 min	
步骤2	准备工作	拟定显现方案，做好各工作环节的准备工作及准备好所需要的物品	5 min	
步骤3	寻找发现	尽可能寻找发现与案件有关联性的潜在手印，精准显现	5 min	
步骤4	显现操作	选择恰当的操作方法，尽可能显现出所有手印	10 min	
步骤5	固定提取	依据具体的显现方法和承痕客体物理属性，进行有效固定	10 min	
步骤6	质量分析	分析手印的显现提取质量，决定是否需要进一步处理	10 min	

表 1-15

模块一　潜在手印勘验

【任务背景】在一起入室盗窃案件中，作案人从阳台窗户翻入，在家中翻找财物后，再次从阳台窗户翻出离开现场。经现场勘验发现，现场散落几张票证，办公桌抽屉被打开，窗台和墙壁上有少量灰色手印，极有可能为犯罪嫌疑人手印，应对现场可能留有手印的客体进行潜在手印的寻找显现与提取固定，并对其显现效果进行客观分析，判断是否需要进一步强化处理。

【任务资料】

待显客体情况					
序号	品名	属性	数量	颜色	备注
1	散落票证	纸张（光滑渗透性客体）	2	白色/粉色	
2	办公桌抽屉	本色木（非光滑半渗透性客体）	1	浅黄色	
3	窗台	瓷砖（光滑非渗透性客体）	1	白色	
4	墙壁	乳胶漆（非光滑半渗透性客体）	1	白色	

表 1-16

【任务内容】

步骤一：了解案情。

1. 掌握待显客体的基本情况，如汗液新鲜程度，物理属性（软硬程度、表面光洁度、颜色、渗透性、被显现客体的条件等）。

2. 分析环境影响因素，如灰尘厚度、空气湿度、温度、有无人为破坏等。

步骤二：准备工作。

1. 依据痕迹构成要素及环境影响因素，拟定最佳显现方案。由于被显现客体为票证，介质极有可能为汗液，符合碘单质试剂的显现范围。

（1）显现原理：碘单质，卤族元素，分子式 I_2，是一种紫红色有金属光泽的结晶体，呈鳞片状或粒状，在常温下可升华挥发出紫色腐蚀性气体，对人体的呼吸系统有强烈的刺激性和毒性，对活性金属，如铜、锌具有很强的腐蚀性，而对于惰性电镀金属，其腐蚀性弱。

碘蒸气与汗液中的油脂、汗垢因物理吸附作用，可将手印染成紫褐色；同时，碘蒸气可与汗液中的不饱和脂肪酸发生化学反应，形成二碘硬脂酸，使手印变成褐色。而碘在常温下可升华的特性，使上述反应可逆，汗潜手印显色后最终会自然消退，因此，碘熏法显现潜在手印要注意及时固定保存。

（2）适用范围：适用于各种浅色纸张、票证、竹器、本色木、浅色墙壁等客体上的新鲜汗潜手印或陈旧汗潜手印，尤其对热敏纸、涂料层、人体皮肤表面上的汗潜手印显现效果较好。

2. 依据显现方案准备所需的显现材料。碘单质（紫黑色晶体）、熏显装置、药匙（非金属）、淀粉溶液（液体）、三脚架（石棉网）、酒精灯、喷碘器、手套（橡胶）、口罩、相机或扫描仪、比例尺、物证袋（透明塑料）。

步骤三：寻找发现。

依照模块一项目一任务1的内容，在不同承痕客体上寻找发现新鲜汗潜手印或陈旧汗潜手印，尤其是在遗留重点部位区域寻找。

多波段光源寻找

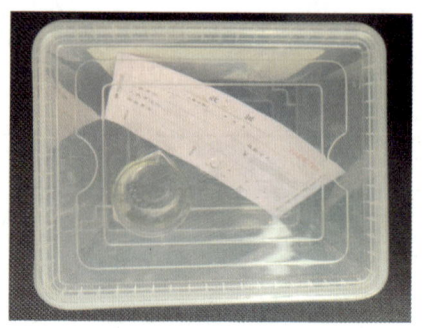

重点部位以显代寻

步骤四：显现操作。

1. 根据被显客体属性及介质情况，选择恰当的操作方式。

	操作方式		操作方法	备注
1	热熏法	直接	使用药匙取少量碘单质放置于透明烧杯内，加盖玻璃板，置于三脚架（石棉网）上，酒精灯加热，碘单质迅速升华成紫色气体	将疑似留有手印的待显客体（票证）正面直接置于碘蒸气上方，缓慢移动，直至手印显出
		间接		洁净玻璃板盖在烧杯口，使之均匀覆盖一层碘，然后将此玻璃板附着碘的一面贴附在待显客体表面，隔几秒钟观察一下熏显情况，直至手印显出

操作方式	操作方法	备注
2　冷熏法	常温下，将碘单质置于透明器皿中；再将待显客体悬挂或放于支架上，置于器皿中；盖好器皿，碘单质会慢慢升华，手印物质中的油脂和汗垢吸附碘蒸气，从而显出手印	
3　吹显法	捏碎碘仓内玻璃管，吹气，碘蒸气对准疑有手印的墙壁、桌子、窗帘等待检区域进行熏染	

表 1-17

2. 上述方法操作过程中，边熏显边观察，手印清晰后应停止显现。

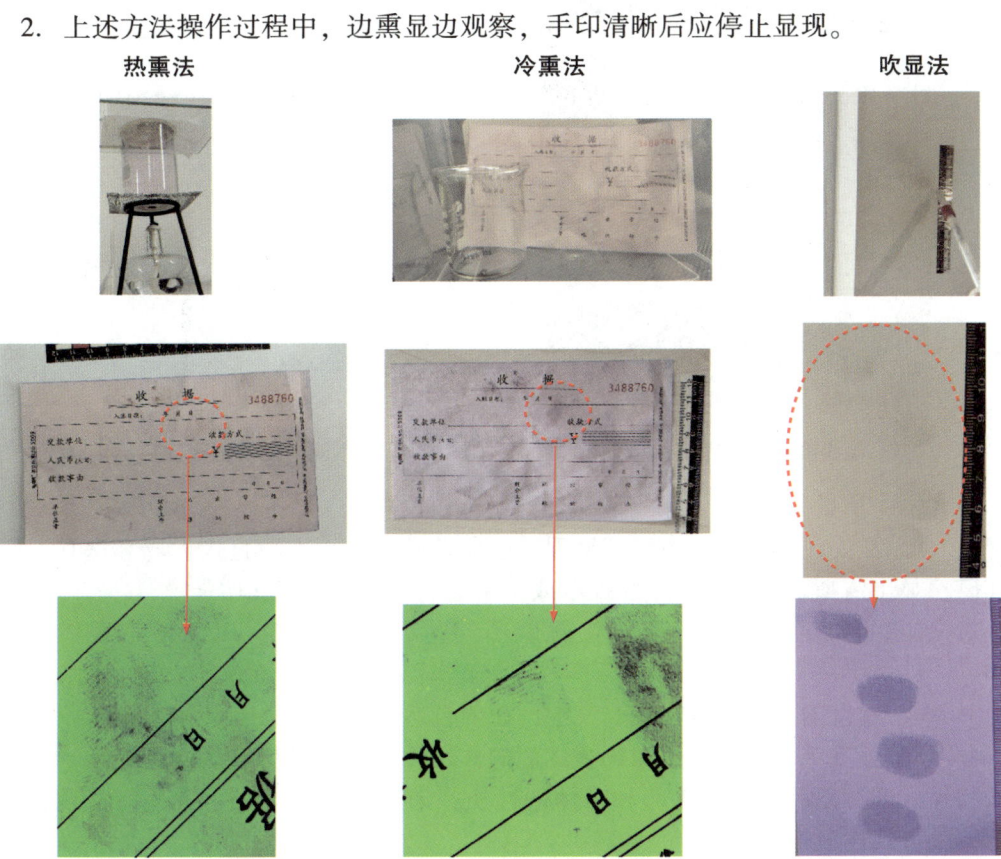

时刻观察手印是否清晰可见

步骤五：固定提取。

1. 将相机或扫描仪提前设置好，待显出手印时，应及时照相或高清扫描固定（请将比例尺放置于待检客体边缘），如不及时固定，显现出的手印在几分钟内会自然减退以至消退。

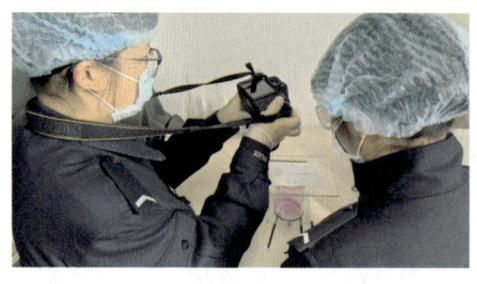
相机拍摄

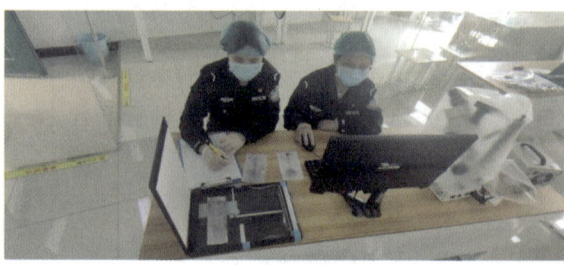
扫描

2. 可使用淀粉进行进一步固定。使用淀粉溶液喷洒或直接将淀粉均匀洒在手印上，用水蒸气熏湿，淀粉遇到碘后变成蓝色，固定完成。

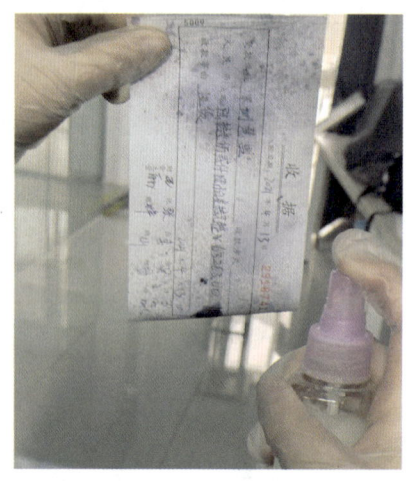
淀粉溶液喷洒固定

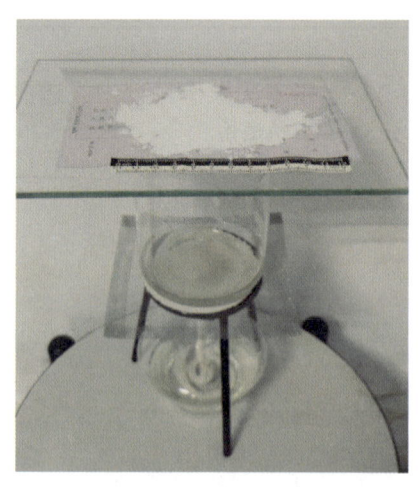
淀粉撒粉气熏固定

步骤六：质量分析。

1. 碘熏法要注意观察，由于其显现的手印挥发性强，不能直接提取和保存，因此要在碘熏显出清晰手印时及时拍照提取或采用恰当的方法固定和增强。

2. 碘熏染时，被显客体只能接触碘蒸气，不能接触碘，以免污染客体，破坏手印。

3. 熏显过度的手印，放置在空气中，让碘自然升华，即可还原消退。

4. 碘熏显现手印不受外力和化学试剂的作用，手印不易被破坏，具有近乎无损检验的特性。碘挥发后不影响手印和客体的性质，消退后的手印可再次进行显现，也可进行其他方式的显现。

5. 碘具有腐蚀性和刺激性，熏染时应在通风好的条件下进行，全程应戴手套、口罩进行操作。如不戴手套，被显现客体被技术人员触碰后，将会在其上留下手印。

6. 碘熏染完毕后,应把剩余的碘及时回收于瓶中,严禁随地抛撒,并及时打开门窗进行通风。

以上都是保障显现质量的常规方法,由于待显手印的形成质量不可控,显现过程应当选择最佳的操作方法,确保最大限度地还原现有待显手印的特征,使之清晰可辨。

【拓展知识】

项目三 常见非渗透性客体上潜在手印勘验

任务1 粉末显现技术

【建议学时】 2学时。

【任务要求】 了解常用粉末的种类、性能及显现手印的基本原理、适用范围，掌握粉末显现技术的基本原理和方法、后续处理方法及注意事项，能够正确提取并固定显现后的手印。具体流程如下：

序号	工作步骤	要求	时间分配	备注
步骤1	了解案情	了解基本案情，掌握待显客体基本情况及影响因素	5 min	
步骤2	准备工作	拟定显现方案，做好各工作环节的准备工作及准备好所需要的物品	5 min	
步骤3	寻找发现	尽可能寻找发现与案件有关联性的潜在手印，精准显现	10 min	
步骤4	显现操作	选择恰当的操作方法，尽可能显现出所有手印	35 min	
步骤5	固定提取	依据具体的显现方法和承痕客体物理属性，进行有效固定	20 min	
步骤6	质量分析	分析手印的显现提取质量，决定是否需要进一步处理	15 min	

表 1-18

【任务背景】 某公司财务室被盗，出纳存放现金的桌子被撬开，抽屉中的10000元现金被盗。经对现场勘验发现，出纳桌面铺的透明玻璃、桌上的1个无柄玻璃水杯、油漆木抽屉、抽屉中的纸张、信封上极有可能留有犯罪嫌疑人手印，在天黑前，需尽快显现出手印，并对其显现效果进行客观分析，判断是否需要进一步强化处理。

【任务资料】

待显客体情况					
序号	品名	属性	数量	颜色	备注
1	水杯	玻璃（光滑非渗透性客体）	1	透明	
2	桌面	玻璃（光滑非渗透性客体）	1	透明	
3	抽屉	油漆木（光滑非渗透性客体）	1	胡桃色	
4	信封	纸张（光滑渗透性客体）	1	棕色	

表 1-19

【任务内容】

步骤一：了解案情。

1. 掌握待显客体的基本情况，如汗液新鲜程度，物理属性（软硬程度、表面光洁度、颜色、渗透性、被显现客体的条件等）。

2. 分析现场环境影响因素，如污损情况、空气湿度、温度、有无人为破坏等。

步骤二：准备工作。

1. 依据痕迹构成要素及环境影响因素，拟定最佳显现方案。被显客体为光滑非渗透性客体及光滑渗透性客体表面的新鲜汗液手印，符合粉末显现法的显现范围。

（1）显现原理：主要是依靠新鲜汗液中的水分及油脂，与粉末发生物理吸附或静电吸附作用，从而将无色手印显出。

（2）适用范围：汗液中的水分及油脂起到主要的吸附作用，陈旧手印汗液会蒸发，吸附力会逐步下降，故粉末显现法对新鲜汗液手印的显现效果明显。

2. 依据显现方案准备所需的显现材料。

序号	品名	属性	数量	颜色	备注
1	毛刷	/	2	/	
2	粉末	荧光	2	彩色	荧光粉颜色很多，请选择显现效果更佳的荧光粉进行
		普通	2	金、银	
3	磁性刷	/	2	/	
4	磁性粉	磁性	1	黑色	
			2	彩色	
5	胶带	指纹	1	透明	
		掌纹	1	透明	
6	剪刀	/	1	/	
7	衬纸	纸	1	黑	
			1	白	
8	物证袋	塑料	3	透明	
9	手套	橡胶	1	/	
10	口罩	/	1	/	
11	相机/扫描仪	/	1	/	

续表

序号	品名	属性	数量	颜色	备注
12	比例尺	/	1	/	

表 1-20

步骤三：寻找发现。

依照模块一项目一任务 1 的内容，在玻璃、油漆木等光滑客体表面寻找发现新鲜汗液或油脂手印，在信封的重点部位寻找可能遗留的手印。

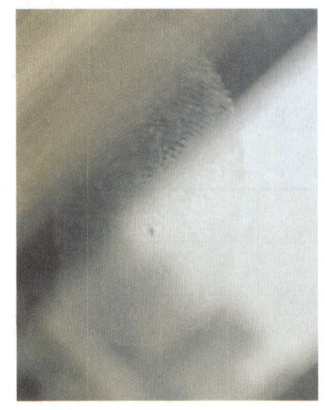

玻璃板

油漆木

步骤四：显现操作。

根据不同的被显客体状态，选择合适的操作方式。

1. 撒粉刷显法——适用于水平物面。

（1）使用干净毛刷蘸取适量粉末，缓慢移动到水平物面的待显区域上方，用另外一指轻弹刷柄，使粉末徐徐洒落在被显客体表面，形成薄薄的粉层。

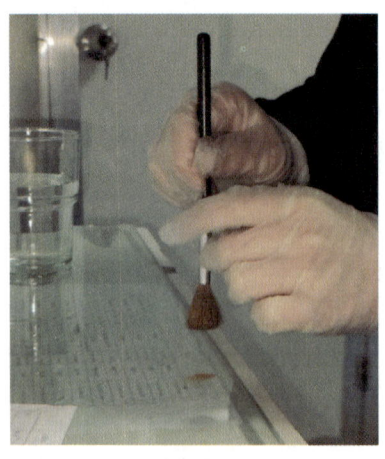

轻弹刷柄

均匀覆盖

（2）回收毛刷上的粉末，并使用毛刷尖部松软区域均匀轻扫，当待显手印基本可见后,将多余粉末推扫清理或回收。

均匀轻扫

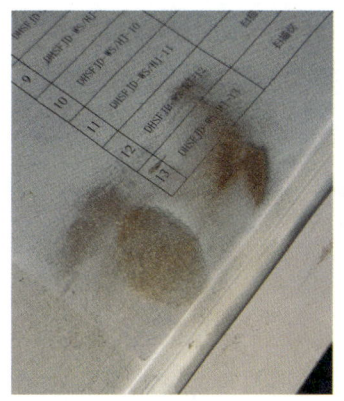
纹型可见

(3) 继续使用毛刷尖部松软区域,沿纹线流向轻轻扫动,直至纹线清晰。

清理纹线

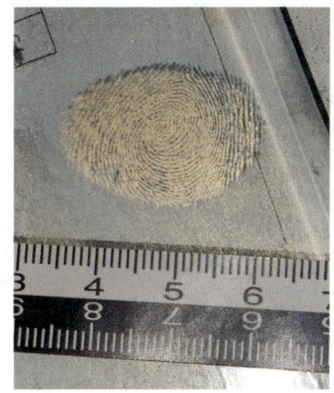
纹线清晰

(4) 最后清理多余粉末,收拾好显现物品。

2. 蘸粉刷显法——适用于垂直、各种倾斜度及弧度物面。

(1) 使用干净毛刷蘸取适量粉末,缓慢移动到垂直、倾斜或弧度物面待显区域前方,然后使用毛刷尖部松软区域由下至上均匀轻扫。

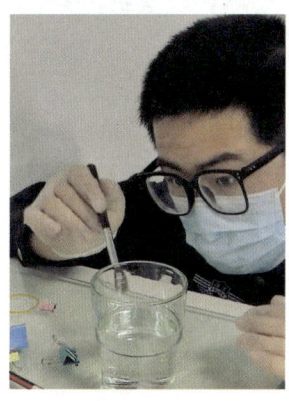
蘸取适量粉末

由下向上刷扫

（2）待手印基本可见后，弹掉或回收毛刷上多余的粉末。

（3）继续使用毛刷尖部松软区域，顺着纹线流向轻轻刷扫，直至纹线清晰。

清理纹线　　　　　　　　　　　纹线清晰

（4）最后清理多余粉末，收拾好显现物品。

3. 撒粉抖显法——适用于纸张等有一定柔软度或轻小客体。

（1）将适量粉末直接倾倒或使用干净毛刷蘸取适量粉末撒在留有手印的物面一端，手持待显物体的两端来回提拉使粉末在疑有手印的待显物面来回滑动，直到手印纹线显出。

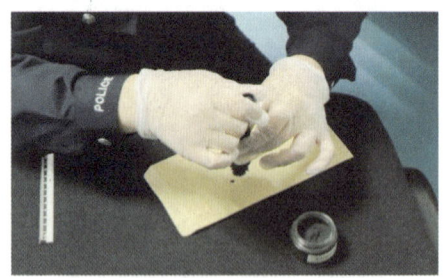　

撒上粉末　　　　　　　　　　　来回提拉

（2）待手印基本可见后，补充显现不均匀的区域。

补充显现　　　　　　　　　　　显现手印完整

（3）待纹线清晰后，清理回收多余粉末，收拾好显现物品。

4. 磁性粉刷显法——适用于非磁性光滑物面。

（1）使用磁性刷吸附适量磁性粉末，使吸起来的粉末聚拢形成"粉穗"，缓慢移动到待显区域，使用"粉穗"轻轻刷扫待显区域，顺纹线流向均匀刷显，禁止磁性刷头与物面接触，若"粉穗"磨平，可再次吸附。

模块一　潜在手印勘验

粉穗

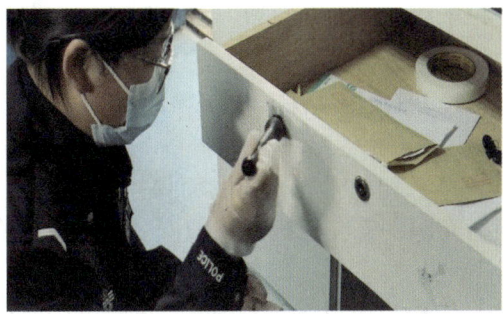
轻扫手印

（2）待手印基本可见、色泽均匀后，将磁性刷头部多余磁性粉置于磁性粉瓶上方，向上拉动磁性刷手柄上的拉杆，将剩下粉末回收至容器内，使用干净的磁性刷头吸附待显区域的多余粉末，重复回收粉末动作，请勿将磁性刷头与物面发生接触，防止破坏待检客体表面。

清掉多余粉末

清理客体上多余粉末

（3）若无法吸附干净，可适当进行弹击，将多余吸附的粉末震掉，但不要重度敲击，防止脱粉过度。

5. 荧光粉末显现——适用于彩色背景物面。

（1）上述显现方法中，均可使用荧光粉末进行显现，使用多波段光源照射激发荧光，并佩戴与光源匹配的护目镜。

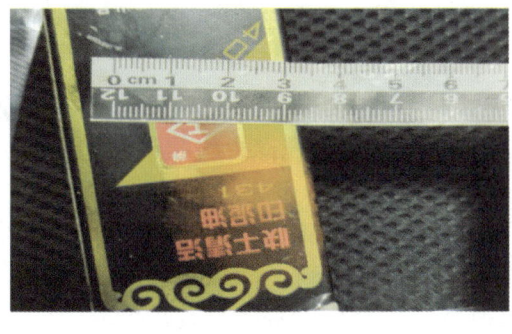
自然光

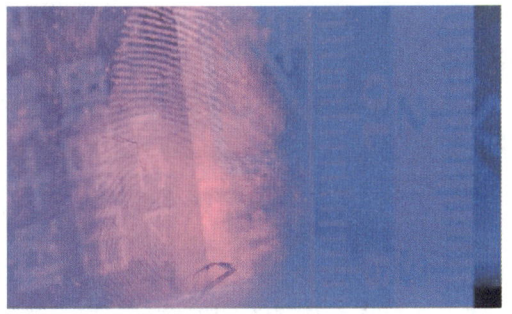
蓝色强光

（2）后续处理流程与使用其他粉末一致。

需要注意的是，粉末显现法使用的粉末颗粒度过小，易飘浮于空气中，因而显现

· 37 ·

过程中应注意佩戴口罩，远离口鼻，保持通风。

步骤五：固定提取。

1. 照相提取法。依照物证摄影的要求，对显现后的手印进行物证翻拍或特种光源拍摄。

（1）相机主光轴与物面保持垂直，手印旁边贴放比例尺，距离适中，选择合适的照射光源，需在相机镜头前安装对应的滤色镜或偏振镜（参见前文"照相提取法"中的图示）。

（2）也可以采用专业的特种光源照相设备直接拍摄。

2. 指纹胶带提取法。

（1）匀速撕开适量长度的指纹胶带，并防止因卡顿而出现折痕（详见前文"指纹胶带提取法"步骤1）；

（2）测量好贴附方向与位置，首先将胶纸一头固定一端，使用手指指腹按压紧实后，向另一端匀速推压胶纸，直至整体覆盖手印，将气泡进行挤压，但不要使用硬质物体剐蹭，防止胶纸脱胶（详见前文"指纹胶带提取法"步骤2）；

（3）手指按住胶纸起端，将另一端匀速拉起，防止胶带卷缩破坏提取的手印（详见前文"指纹胶带提取法"步骤3）；

（4）再用与上述第（2）点相同的贴附方式将提取后的胶纸贴附于色彩反差较大的衬纸之上，裁剪多余胶纸，整理显现物品（详见前文"指纹胶带提取法"步骤4）。

3. 实物提取法。对于条件允许、体积相对较小的客体，可采用物证袋密封保存并运送至实验室，再进行勘验工作（详见前文"实物提取法"）。

步骤六：注意事项与显现质量分析。

1. 粉末显现法通常适用于提取干燥的光滑客体物面上新鲜的汗液或油脂手印。若物面潮湿或天气寒冷出现水汽，可预先采用烘、晾、晒等方式使物面干燥，防止粉末过度吸附。

2. 留意客体表面光洁度，粗糙的物面或者粘有油污等污染物的物面，会导致粉末附着不均、过度堆积或吸附，从而破坏、掩盖手印特征。若无法处理，可直接采用光照拍照取证的方式或便携式扫描仪扫描提取固定。

3. 金属客体物面或者电器表面，使用粉末需要注意磁性及静电干扰，以防影响显现质量。

4. 显现材料要符合标准，如毛刷要干燥洁净；粉末要质地干燥、颗粒度大小适中；粉末使用量要适当，过多或太少均不利于显现质量的提升；指纹胶带使用要避免气泡产生。

以上都是保障显现质量，防止产生虚假手印特征的关键因素，不能轻视。由于待显手印的形成质量不可控，显现过程应当选择最佳的操作方法与粉末类型，确保最大限度地还原现有待显手印的特征，使之清晰可辨。

【拓展知识】

1. 金粉刷显法。

2. 粉末抖显法。

3. 磁性粉刷显法。

任务2 "502"胶显现技术

【建议学时】1学时。

【任务要求】了解"502"胶显现法的基本原理、适用范围,掌握使用"502"胶显现常见客体上潜在手印的基本方法,后续处理方法及注意事项,能够正确提取并固定显现后的手印。具体流程如下:

序号	工作步骤	要求	时间分配	备注
步骤1	了解案情	了解基本案情,掌握待显客体基本情况及影响因素	2 min	
步骤2	准备工作	拟定显现方案,做好各工作环节的准备工作及准备好所需要的物品	3 min	
步骤3	寻找发现	尽可能寻找发现与案件有关联性的潜在手印,精准显现	5 min	

续表

序号	工作步骤	要求	时间分配	备注
步骤4	显现操作	选择恰当的操作方法，尽可能显现出所有手印	20 min	
步骤5	固定提取	依据具体的显现方法和承痕客体物理属性，进行有效固定	5 min	
步骤6	质量分析	分析手印的显现提取质量，决定是否需要进一步处理	10 min	

表 1-21

【任务背景】某郊区公园发生系列抢劫案件，作案人提前蹲守在公园僻静处伺机寻找落单的游客，利用该公园天黑人少的条件，突袭游客，专门抢劫现金和首饰、手机等贵重物品，在逃离现场时作案人将受害人的漆皮空钱包及证件随意抛弃在路旁，在疑似作案人蹲守处发现空烟盒及部分烟头。经现场勘查人员走访调查、勘查现场后，提取烟盒、烟头、空钱包、证件等相关物证，怀疑留有作案人的手印，现需尽量显现出所有手印，并对其显现效果进行分析，判断是否有必要进一步强化处理。

【任务资料】

待显客体情况					
序号	品名	属性	数量	颜色	备注
1	钱包	漆皮（非光滑半渗透性客体）	1	棕色	有褶皱
2	证件	塑料（光滑非渗透性客体）	1	彩色	
3	烟盒	光面塑料薄膜（光滑非渗透性客体）	1	彩色	

表 1-22

【任务内容】

步骤一：了解案情。

1. 掌握待显客体的基本情况，如汗液新鲜程度，物理属性（软硬程度、表面光洁度、颜色、渗透性等）。

2. 分析现场环境影响因素，如灰尘厚度、空气湿度、温度、提取前有无雨水污染等。

步骤二：准备工作。

1. 依据痕迹构成要素及环境影响因素，拟定最佳显现方案。塑料、皮质材料、光面硬壳纸表面汗潜手印，可与"502"胶发生聚合反应，生成白色物质，从而将手印显出。

（1）显现原理："502"胶是以 α-氰基丙烯酸乙酯为主体，并含有少量的对苯二酚和二氧化硫等阻聚剂的黏合剂。挥发的 α-氰基丙烯酸乙酯单体容易在水或者弱碱的引发下发生聚合反应，生成白色的聚合物；挥发的 α-氰基丙烯酸乙酯单体若遇到汗液中的水和氨基酸，就会在水和氨基酸的引发下发生单体聚合，形成白色聚合物，从而显出手印。此聚合物结构面粗糙，遇光呈漫反射。

（2）适用范围：几乎适用于所有的非渗透性客体及半渗透性客体表面的汗液手印显现，如玻璃、陶瓷、电镀金属、塑料、油漆物面、橡胶、皮制品、纺织品、画报、烟盒、书皮等。

2. 依据显现方案准备所需的显现材料。"502"胶（液体）、滤纸2张"（白色）、"502"熏显柜、广口容器（密闭、透明）、手套（橡胶）、口罩、剪刀、比例尺、相机或扫描仪、物证袋（透明塑料）。

步骤三：寻找发现。

依照模块一项目一任务1的内容，可在钱包上寻找发现新鲜汗液或油脂手印，钱包漆皮外壳部分及烟盒可依据拿持习惯推断极有可能接触的区域作为重点显现部位，亦可使用整体熏显代替寻找发现。

物证钱包

物证烟盒

步骤四：显现操作。

1. "502"熏显柜。

（1）准备好"502"熏显柜，将适量的"502"胶液体和水滴放在各自的液体槽内。

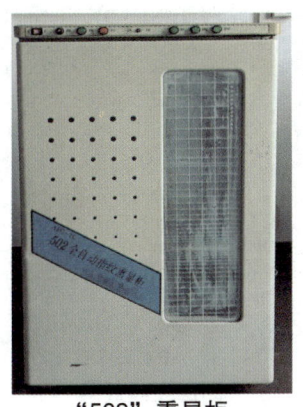

"502"熏显柜

对应槽内加入水和"502"胶

（2）将待显客体放置于载物架上或悬挂，关好柜门。

放置好待显客体

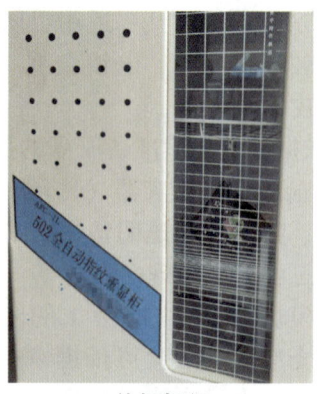
关好柜门

（3）设置熏显时间，点击启动后，"502"胶很快气化，并伴有白色烟雾出现，通过视窗随时观察显现情况，若手印显出，质量达到要求，可停止显现。

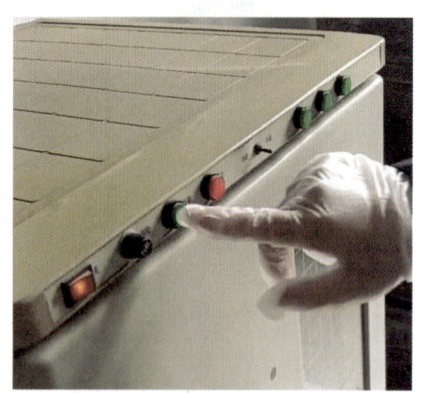
设置好程序

随时观察显现效果

（4）熏显柜排气后，打开柜门取出待显客体，观察分析显现手印的质量与数量。

显现整体效果

局部纹线效果

（5）若熏显不足可继续局部熏显（滤纸贴附熏显），若熏显过度则可局部减薄。

  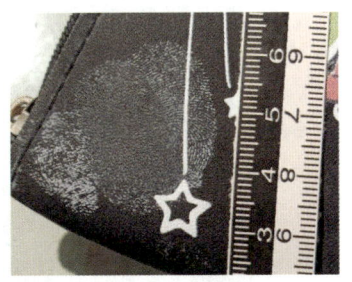

适当减薄　　　　　　　　　滤纸贴附显现　　　　　　　　补充显现后效果

（6）显现完毕后，清理熏显柜，整理好其余物品。

2. 冷熏法。

（1）准备好透明密闭容器，将"502"胶液体滴放在容器盒内，放置于容器底部。

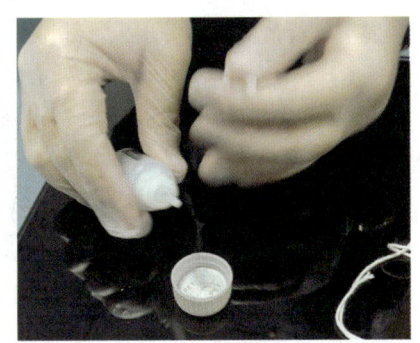 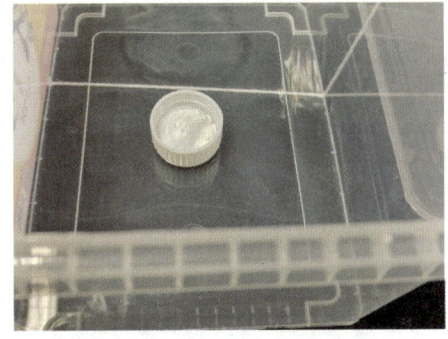

填充"502"胶　　　　　　　　　　　　　放置于密闭容器底部

（2）将待显客体放置好，盖好盖子。

放置好待显客体　　　　　　　　　　　　密封盖好

（3）随时观察显现情况，若手印显出，质量达到要求，便可停止显现，打开封盖通风，取出待显客体，观察分析显现手印的质量与数量。

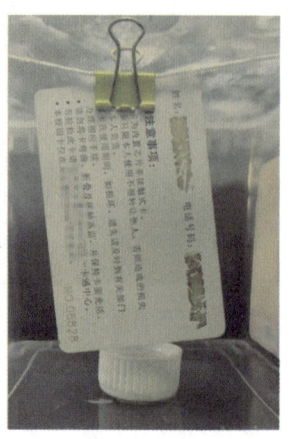
边熏显边观察

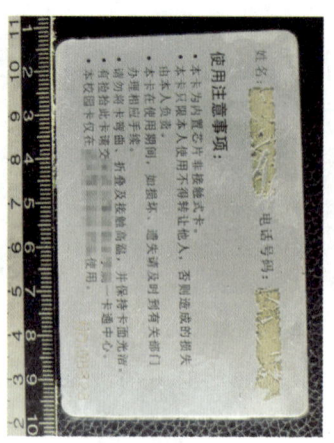
手印显现

（4）若熏显不足可继续局部熏显（滤纸贴附熏显），若熏显过度则可局部减薄。

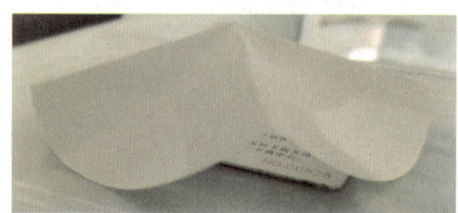
滤纸贴附

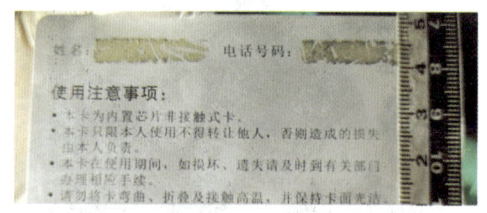
补充显现效果

（5）显现完毕后，整理好其余物品。

3. 滤纸贴附熏显法。

（1）将定性滤纸轻折呈"漏斗"状，再将少量"502"胶液体滴在滤纸漏斗中央，等待液体渗透均匀。

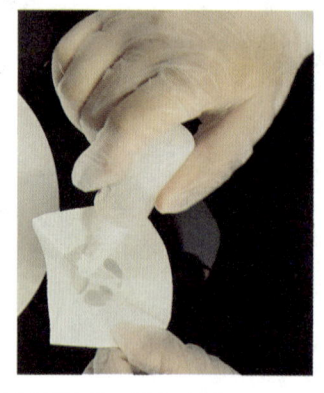
折好滤纸后，滴入少量"502"胶

等待液体均匀渗透

（2）将滤纸"漏斗"向下轻轻扣放在待显区域，避免胶液与物面发生接触，随时观察显现情况，若手印显出，质量达到要求，便可停止显现，若手印显现效果不佳，可再次滴加"502"胶继续熏显。

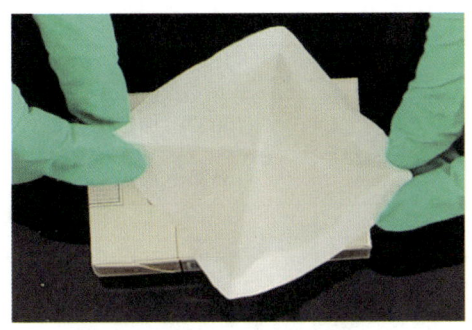

| 滤纸轻扣于待显客体表面 | 随时观察显现效果 |

（3）移开滤纸，观察分析显现手印的质量与数量。

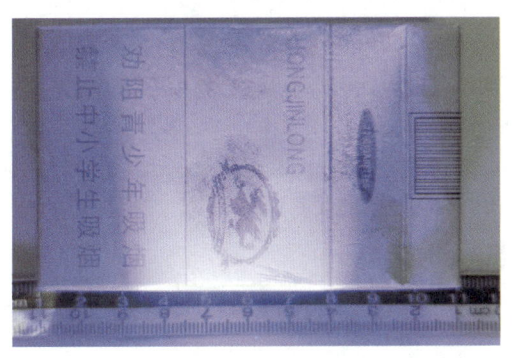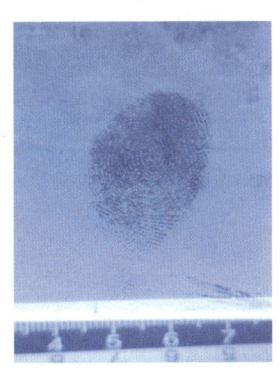

| 蓝紫光侧光观察显现效果 | 加入黑色衬底蓝光侧光观察显现效果 |

（4）显现完毕后，整理好其余物品。

步骤五：固定提取（同项目二任务1的提取方式）。

步骤六：质量分析。

1. 分析影响显现效果的因素及结果评价。

序号	影响因素	影响结果
1	潜在手印遗留时间	时间越长、汗液中的水分越少 "502"胶聚合能力减弱，显现效果降低
2	显现时间控制	时间不足：纹线不连贯
		时间太长：显现过度、纹线模糊不清
3	客体约束	渗透性强弱，影响了水分的储存能力，最终影响显现效果
4	遗留条件	手印遗留方式、作用力大小、汗液较少等因素影响
5	操作过程	避免"502"胶与物面过于贴近或接触
6	干湿程度	被显客体物面的相对湿度，提供水分的多少，会影响显现效果

表1-23

2. 熏显过度的处理方法。

序号	处理方法	操作方式	
1	加热减薄法	电热干燥箱加热减薄	160℃下加热 7 分钟
			165℃下加热 4 分钟
2	胶带粘取法	轻轻按压，重复减薄	
3	试剂减薄法	10%氢氧化钠溶液或 10%醋酸溶液	脱脂棉擦拭按压
		丙酮+乙醇溶液（1∶2）	

表 1-24

需要注意的是：①"502"胶易于挥发，因而显现过程中应注意远离口鼻，保持通风；且"502"胶为速干型胶黏剂，应注意使用安全。②"502"胶熏显法通常用于非渗透性客体表面的新鲜或陈旧的汗液或油脂手印。若物面较干燥或陈旧，可预先进行蒸汽加湿。加温加湿可加快显现速度。③滤纸覆盖在待显客体上时，虚盖在待显客体上，防止滤纸粘连待显客体。

任务 3　小颗粒悬浮液显现法

【建议学时】 1 学时。

【任务要求】 了解小颗粒悬浮液的特性和小颗粒悬浮液显现法的基本原理、适用范围，掌握小颗粒悬浮液显现法的基本方法、后续处理方法及注意事项，能够正确提取并固定显现后的手印。具体流程如下：

序号	工作步骤	要求	时间分配	备注
步骤 1	了解案情	了解基本案情，掌握待显客体基本情况及影响因素	2 min	
步骤 2	准备工作	拟定显现方案，做好各工作环节的准备工作及准备好所需要的物品	3 min	
步骤 3	寻找发现	尽可能寻找发现与案件有关联性的潜在手印，精准显现	5 min	
步骤 4	显现操作	选择恰当的操作方法，尽可能显现出所有手印	20 min	
步骤 5	固定提取	依据具体的显现方法和承痕客体物理属性，进行有效固定	5 min	
步骤 6	质量分析	分析手印的显现提取质量，决定是否需要进一步处理	10 min	

表 1-25

【任务背景】 某入室盗窃案件中，现场并未找到作案人手印，分析作案人戴手套作案，根据案发现场附近视频追踪，在离案发现场不远的一个街道拐角，发现疑似盗窃现场的相关物品，并在周围找到疑似作案人作案时使用的一次性塑胶手套，为搜集更多线索和证据，需尽量显现出其上手印，并对其显现效果进行分析，判断是否有必要进一步强化处理。

【任务资料】

待显客体情况					
序号	品名	属性	数量	颜色	备注
1	一次性手套	塑料（光滑非渗透性客体）	2	透明	

表 1-26

【任务内容】

步骤一：了解案情。

1. 掌握待显客体的基本情况，如汗液新鲜程度及多少，手套褶皱程度，是否有其他附着介质；手套是否翻出来。

2. 分析现场环境影响因素，如空气湿度、温度、其他污染物等。

步骤二：准备工作。

1. 依据痕迹构成要素及环境影响因素，拟定最佳显现方案。由于被显现客体为塑料制品，介质极有可能为汗液，适用小颗粒悬浮液显现法。

（1）显现原理：主要是利用汗液中的汗垢、油脂在水中不溶解，而悬浮液中的微粒可以被其吸附在手印纹线上，在表面形成涂层，从而显出手印。

（2）适用范围：适用于聚乙烯袋、蜡纸、塑料、玻璃、电镀制品、陶瓷、石头、水泥、木制品、金属、皮革、画报纸、各种胶带黏面上的汗潜手印与油潜手印。另外，也可直接显现潮湿、水浸物表面的汗潜手印与油潜手印。

2. 依据显现方案准备所需的显现材料。小颗粒悬浮液（黑色液体、荧光）、多波段光源、护目镜、手套（橡胶）、口罩、相机或扫描仪、比例尺、物证袋（透明塑料）。

步骤三：寻找发现。

依照模块一项目一任务 1 的内容，可在塑胶手套上寻找发现新鲜汗液或油脂手印，汗液分布较多的手掌侧接触面为重点显现部位。

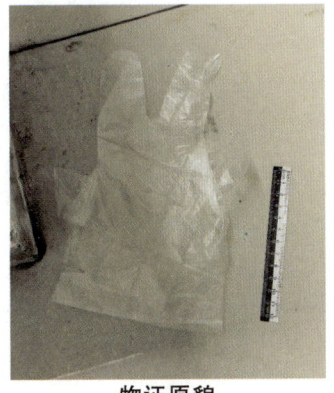

物证原貌

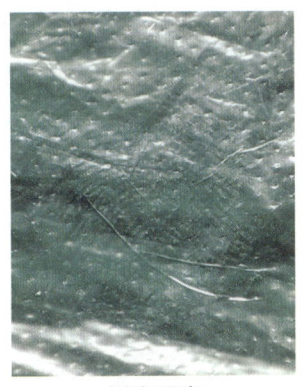

侧光观察

步骤四：显现操作。

1. 将小颗粒悬浮液瓶体倒置摇动均匀，喷洒在待显客体上，直至能够较均匀地覆盖待显区域。

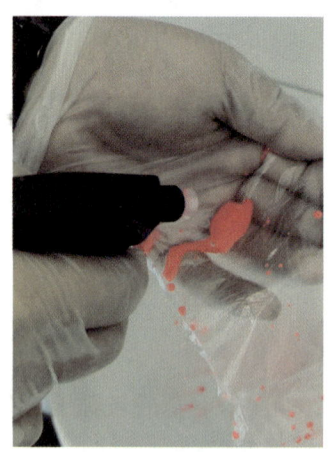
喷洒小颗粒悬浮液

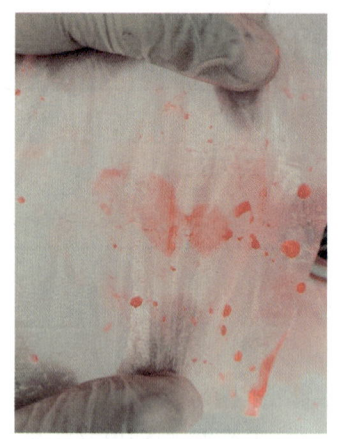
均匀覆盖待显区域

2. 静置 5 分钟~10 分钟后，用缓慢流水从一侧柔和冲洗，直至基本无附着悬浮小颗粒，随时观察显现情况，若手印显出，质量达到要求，便可停止显现。

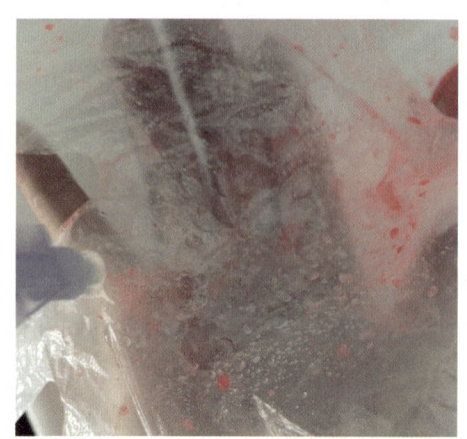
流水一侧缓慢冲洗

直至手印清晰显出

3. 强白光或多波段光源侧光观察手印显现效果。

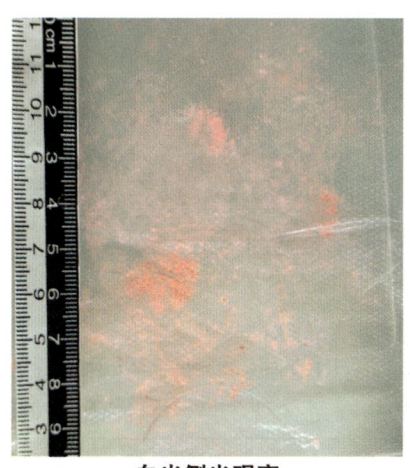
白光侧光观察

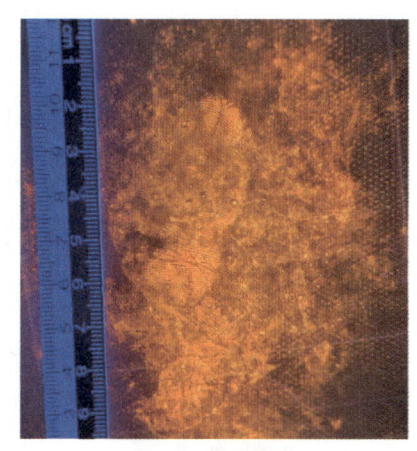
紫外光侧光观察

步骤五：固定提取。

小颗粒悬浮液显现出的手印容易破坏，需及时固定，可使用物证摄影技术配合特种光源进行拍照或用便携扫描仪进行固定。

需要注意的是：①小颗粒悬浮液依托手印中汗垢与油脂吸附悬浮小颗粒，不宜长时间或大水流冲洗，以免破坏悬浮颗粒的附着状态。②水流冲洗从一侧至另一侧，使没有悬浮液附着的潜在手印区域也会被随水流而来的悬浮颗粒附着。③使用强光源或多波段光源时，应该佩戴相应的护目镜，保护视力。

项目四　其他潜在手印勘验技术

任务1　血潜手印显现技术

【建议学时】1学时。

【任务要求】了解血潜手印的特性及显现原理、适用范围，掌握血潜手印显现的基本方法、后续处理方法及注意事项，能够正确提取并固定显现手印。具体流程如下：

序号	工作步骤	要求	时间分配	备注
步骤1	了解案情	了解基本案情，掌握待显客体基本情况及影响因素	5 min	
步骤2	准备工作	拟定显现方案，做好各工作环节的准备工作及准备好所需要的物品		
步骤3	寻找发现	尽可能寻找发现血潜手印，精准显现	10 min	
步骤4	显现操作	选择恰当的操作方法，尽可能显现出所有手印	15 min	
步骤5	固定提取	依据不同的操作方法和待显客体物理属性，进行有效固定	10 min	
步骤6	质量分析	分析手印的显现提取质量，决定是否需要进一步处理	5 min	

表 1-27

【任务背景】在一起入室盗窃杀人案件中，侦查技术人员在勘查现场时，发现阳台窗户有从外至内的攀爬痕迹，死者被利刃割颈后倒卧于客厅进门处，卧室橱柜里面有血迹，对应墙壁照明开关上有血手印。经调查核实，报案人系死者丈夫，因3日前出差，报案当日中午才到家，一开门就发现妻子被害，于是立即报警。报案前一日下午4点后就联系不上妻子，于是提前回家。经统计，家中橱柜抽屉中现金2万元、金项链3根、金手镯3个、和田玉手镯1个均丢失，厨房丢失水果刀1把。在死者住宅消防通道的楼梯扶手上发现灰尘减层手印若干个，在所有可能逃离现场的路线上仔细寻找，在一个人迹罕至的垃圾箱内发现死者家丢失的水果刀。经现场分析，侦查人员认为水果刀上极可能留有作案人手印，需尽快显现出手印，并对其显现效果进行分析，判断是否有必要进一步强化处理。

【任务资料】

待显客体情况					
序号	品名	属性	数量	颜色	备注
1	橱柜抽屉	本色木（非光滑半渗透性客体）	1	浅黄色	
2	门	金属（光滑非渗透性客体）	1		
3	大门对应墙壁照明开关	塑料（光滑非渗透性客体）	1	白色	
4	楼梯扶手	木质（光滑非渗透性客体）	1	浅黄色	
5	水果刀	塑料刀柄（光滑非渗透性客体）	1	白色	

表 1-28

【任务内容】

步骤一：了解案情。

1. 掌握待显客体的基本情况，如物理属性（软硬程度、表面光洁度、颜色、渗透性、被显现客体的条件等）。

2. 分析环境影响因素，如灰尘厚度、空气湿度、温度等。

步骤二：准备工作。

1. 依据痕迹形成要素及环境影响因素，拟定最佳显现方案。由于被显现客体为木质和塑料介质，极有可能为血潜手印，符合血手印荧光显现试剂、四甲基联苯胺显现技术、血迹红试剂、血迹蓝试剂的显现范围。根据案件具体情况，可在以下方法中择优选用。

（1）方法一：血手印荧光显现试剂。

①显现原理：主要由酸性荧光染料和阳离子荧光染料组成。酸性荧光染料与蛋白质相结合，除离子键外，还有氢键、范德瓦尔斯力和疏水键等分子间引力。而阳离子荧光染料含有香豆素和生物碱结构，蛋白质中的阴离子能与其阳离子以盐键结合，将其血潜痕迹中蛋白质成分染色。该显现剂具有配制简单、荧光强度高、操作简便的特点。

②适用范围：对非渗透性客体和半渗透性客体上的血潜手印显现效果较清晰，与背景反差较大，但对于渗透性客体上的血潜手印需要预处理，操作较烦琐，建议采用四甲基联苯胺、DFO、血迹红试剂、血迹蓝试剂等显现方法。

（2）方法二：四甲基联苯胺显现技术。

①显现原理：四甲基联苯胺（TMB）是由苯分子中一个氢原子被硝基取代生成的化合物，氧化还原特性好（有酶时更易被氧化），熔点为 5.7℃，沸点为 210.8℃，相对密度为 1.2037（20/4℃），不易溶于水，但可溶于乙醇、乙醚、苯等。由于血液中存在过氧化氢酶及血卟啉，当四甲基联苯胺与血痕接触时，新鲜血痕中的过氧化氢酶能使过氧化氢（H_2O_2）释放出初生态氧（O）；陈旧性血痕（血酶已失去活性）血卟啉环上的铁离子能起催化剂作用，使过氧化氢释放出初生态氧（O）。而初生态的氧能够氧化四甲基联苯胺，从而生成蓝绿色的四甲基联苯胺蓝，使其血潜手印以蓝绿色显现

出来。

②适用范围：主要适用于对血液吸收固定性能较强的渗透性客体，如纸箱、纸张、棉布、本色木、证券等新鲜及陈旧性客体上的血潜印痕；对非渗透性客体亦有一定的显现效果，如玻璃、刀具、血地板、油漆木等新鲜及陈旧性客体上的血潜印痕。

（3）方法三：血迹红试剂。

①显现原理：血迹红是由四溴荧光素转化的，呈橙红色，熔点为76℃~79℃，难以溶于水，溶于乙醇，微溶于二甲苯，能有效对疑难组织进行染色，水溶液发黄绿色荧光，通常被用于食用色素，也是法庭常用的科学蛋白质染料之一，对血液中的蛋白质敏感。蛋白质与血迹红钠在相转移试剂季铵盐正四丁基碘化铵的作用下，生成二氢四溴四氯荧光素，通过分子间力与血卟啉形成红色复合物，使易溶于水的化合物变成不易溶于水的物质，使吸光度增大，能有效提高血潜印痕纹线与背景的反差。

②适用范围：显现渗透性客体和非渗透性客体表面新鲜和陈旧血潜印痕。

（4）方法四：血迹蓝试剂。

①显现原理：血迹蓝由同源碱性品红增加磺酸合成。将苯酚红溶于冰乙酸，搅拌时加入溴溶于冰乙酸的溶液，几分钟后再倒入60℃热水中，放置冷却至室温过夜。过滤时，依次用冰乙酸、苯洗涤滤饼后，晾干。熔点为279℃可分解。溶于醇、稀碱液及氨溶液中呈蓝色，微溶于水及醚中呈黄色，其钠盐溶于水呈蓝色。这是法庭常用的一种科学蛋白质染料，对于血液中的蛋白质敏感，蛋白质与血迹蓝钠通过分子间力形成蓝色复合物，使吸光度增大，能有效地提高潜血印痕纹线与背景的反差。

②适用范围：显现渗透性客体和非渗透性客体表面新鲜和陈旧血潜印痕。

2. 依据显现方案准备所需的显现材料。

序号	品名	血手印荧光染料（粉末）	四甲基联苯胺	血迹红	血迹蓝	备注
1	无水乙醇	√	√	√	√	
2	过氧化氢	√	√			
3	蒸馏水			√	√	
4	溶剂瓶	√	√	√	√	
5	胶头滴管	√	√	√	√	
6	雾化喷瓶					
7	吹风机	√	√	√	√	
8	紫外灯		√	√		
9	便携式多波段光源	√				
10	镊子	√	√	√	√	
11	棉纸			√	√	

续表

序号	品名	血手印荧光染料（粉末）	四甲基联苯胺	血迹红	血迹蓝	备注
12	手套	√	√	√	√	
13	口罩	√	√	√	√	
14	相机/扫描仪	√	√	√	√	
15	比例尺	√	√	√	√	
16	物证袋	√	√	√	√	

表 1-29

步骤三：寻找发现。

依照模块一项目一任务 1 的内容，在本色木（橱柜抽屉、楼梯扶手）、金属（门）、白色塑料（开关面板、水果刀柄）上寻找发现血潜手印，在待检物品上找寻可能遗留手印的重点部位。

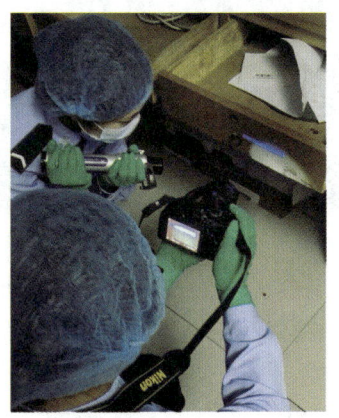

本色木抽屉

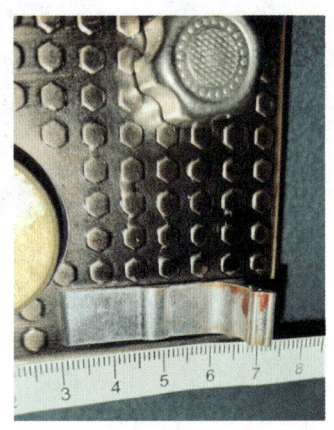

金属门锁

白色塑料刀柄

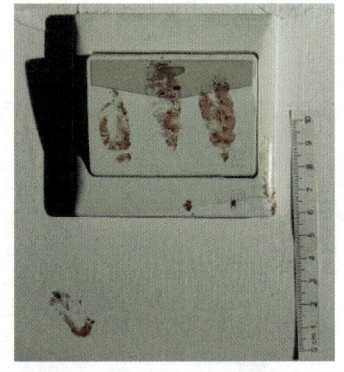

白色塑料开关面板

步骤四：显现操作。

1. 血手印荧光显现试剂。

（1）将血手印荧光染料粉末 0.2g 溶于 100ml 无水乙醇中，作为储备液备用。取 10ml 储备液加入 30% 的过氧化氢（H_2O_2，又称双氧水）1ml 作为显现工作液，将其滴在待显客体表面，然后用吹风机加快溶剂挥发。

喷洒固定液　　　　　　　　　　　　　　喷洒试剂

（2）上述方法操作完成后，将待显客体置于波长为 365nm~475nm 的光源下激发，在滤色镜下观察待检手印的荧光显现效果。

多波段光源观察取证　　　　　　　　　　物证翻拍手印

2. 四甲基联苯胺显现技术。血手印的显现经常用到含水的试剂，是由于血迹可溶于水，为避免在显现处理时因手印物质扩散造成手印模糊不清，必须在显现处理时对血手印进行固定处理（详见后文中的"固定方法"），即将血手印中的蛋白质成分变性，促进血手印中的纤维结合，降低血在水中的溶解性，而血的其他物理性能或化学性能不发生变化，不影响手印的显现效果。

（1）将 1g~1.2g 四甲基联苯胺分溶于 100ml 无水乙醇中，充分搅拌并且水浴加热使之溶解，然后滴加 5ml~10ml 的 30% 过氧化氢，搅拌溶解后，将其滴加或涂抹在待检手印表面。

将显现试剂均匀涂抹在客体表面

（2）上述方法操作完成后，选择"固定方法"中任意方法进行处理。

保存固定方法主要有以下 3 种：

①加热变性法：将待显手印用电吹风直接加热 1 小时，或将其放于 70℃烘箱中加热 30 分钟，或用红外灯照射 30 分钟，但待显手印需适应高温处理。

②无水乙醇固定法：将待显手印浸泡在无水乙醇中反复固定，若不宜浸泡，可将无水乙醇滴加在需处理部位，需在试剂未挥发尽前再行滴加，反复 3~5 次即可。

③紫外线照射法：将待显手印置于紫外光灯下照射 20 分钟，经固定后的血手印用 TMB 进行显现。待检血手印将快速呈现出蓝绿色。

紫外光照射

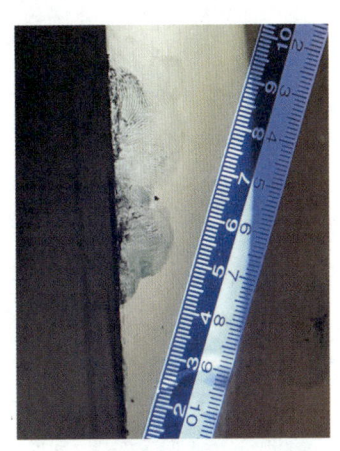
显现效果

3. 血迹红/血迹蓝。血迹红（血迹蓝）显现血潜印痕的溶液有三种：固定液、血迹红（血迹蓝）显现液、冲洗液。

（1）在显现之前，应先对待显客体上血潜手印的拍照留存。

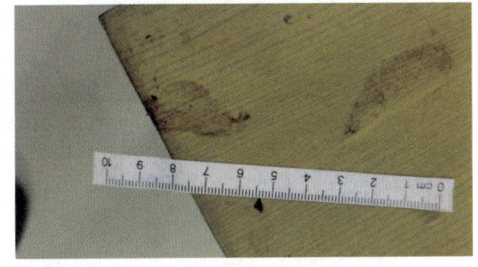

待显客体

（2）将无水乙醇盛入雾化喷瓶；打开雾化喷瓶，在高 50cm~60cm 处均匀喷涂遗留有血潜手印的表面，可喷涂 2~3 次，确保喷涂均匀、固定充分。

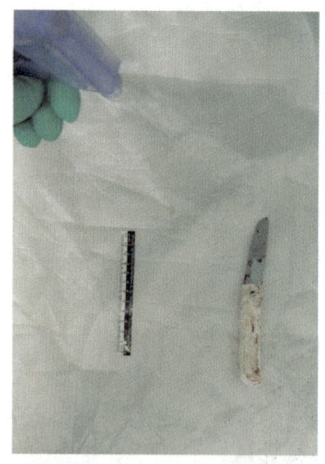
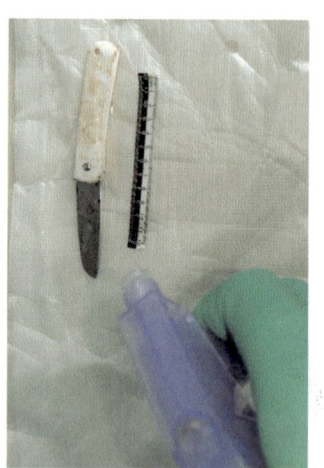
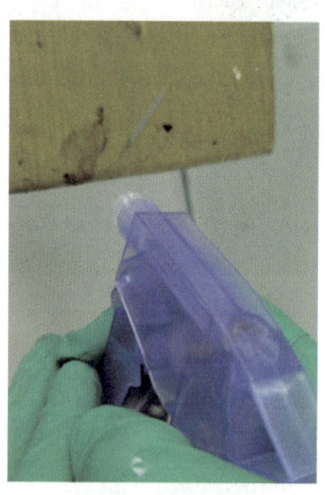
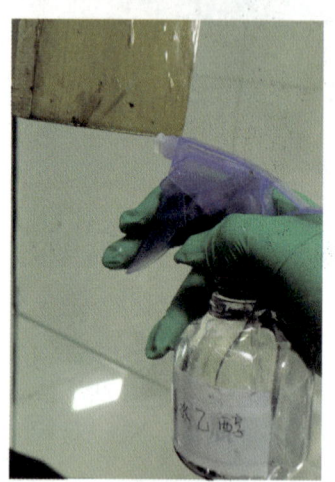

喷洒无水乙醇　　　　　　　　　血液逐渐减退

（3）将血迹红（血迹蓝）显现液盛入雾化喷瓶；打开雾化喷瓶，在高 50cm ~ 60cm 处均匀喷涂在遗留有血潜手印的表面，可喷涂 2~3 次，确保喷涂均匀、反应充分。

血迹蓝试剂

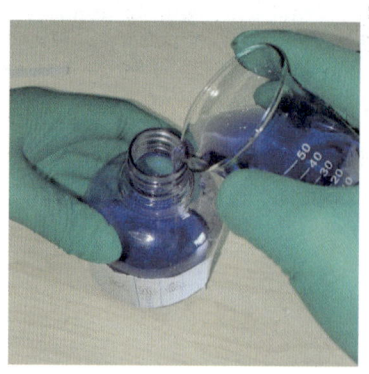
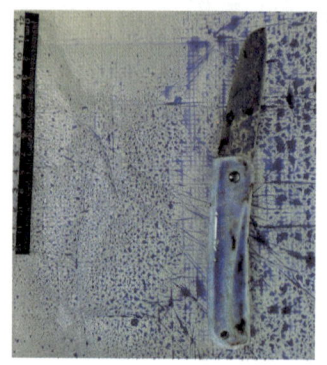

模块一　潜在手印勘验

血迹红试剂

试剂倒入雾化瓶

均匀喷洒试剂

（4）将冲洗液无水乙醇盛入雾化喷瓶；打开雾化喷瓶，在高约 50cm～60cm 处均匀喷涂在遗留有血潜手印的表面，可喷涂 2～3 次，确保喷涂均匀，冲洗充分，约 1 分钟将会显现出红色（蓝色）纹线。

血迹蓝试剂

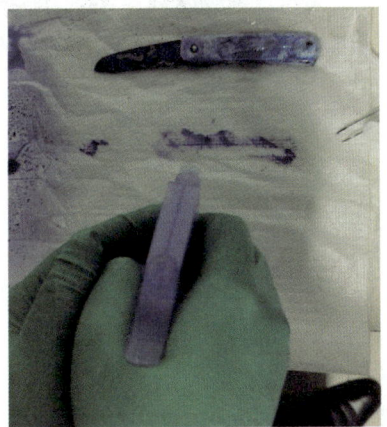

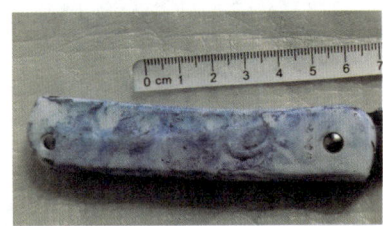

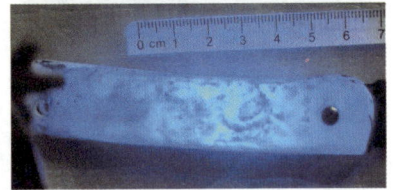

血迹红试剂

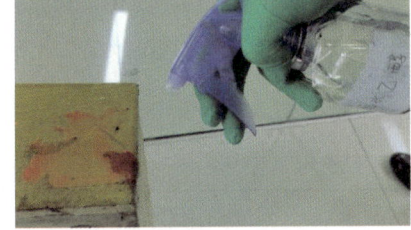
喷洒无水乙醇

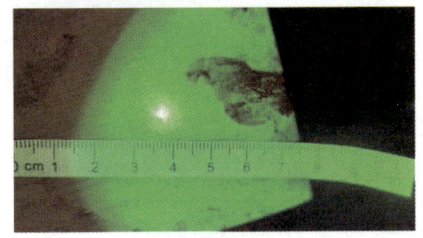
手印显现效果

（5）使用棉纸吸干多余残液。

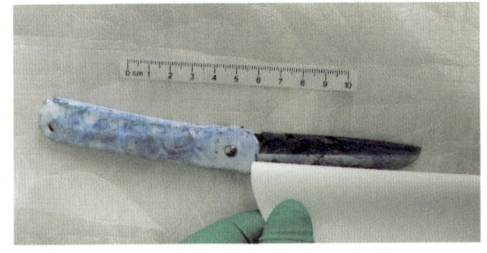

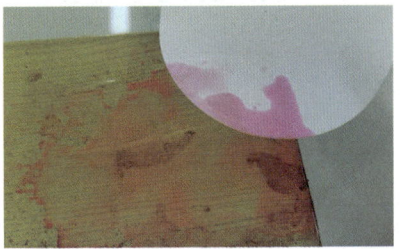

清理残液

步骤五：固定提取。

1. 将显现出的手印进行观察及拍照或用扫描仪扫描（请将比例尺放置于待检客体边缘）。

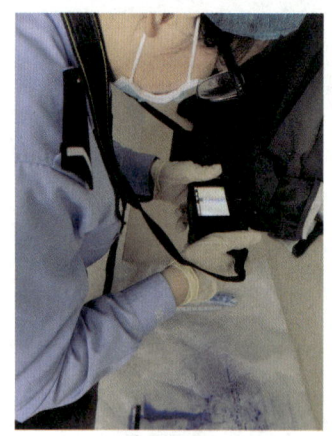
拍照取证

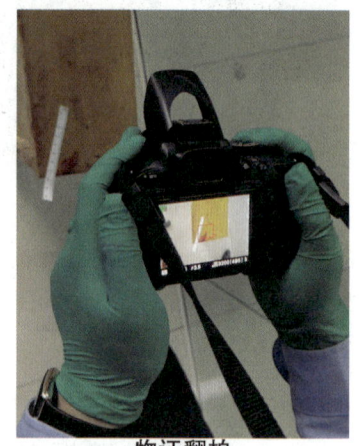
物证翻拍

2. 将方便携带的客体直接放入物证袋中进行保存，并备注相关信息，收拾好其余物品。

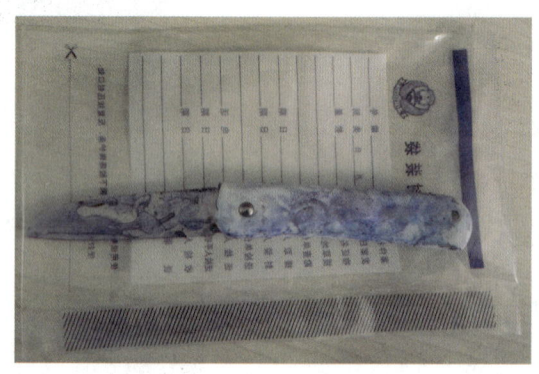
物证袋保存

步骤六：质量分析（表格中的序号对应以下内容）。

血手印荧光显现试剂	四甲基联苯胺	血迹红	血迹蓝
①	①	①	①
②	②	②	②
③	③	③	③
④	④		
		⑤	⑤
	⑥	⑥	⑥
	⑦		

表 1-30

①全程应戴手套操作,避免被显现客体被技术人员触碰后,留下新的手印。
②滴加、喷涂试剂时,要均匀,避免引起着色不一导致手印显现效果较差。
③如方法不适合,请换其他方法进行;如显现效果极佳,应及时照相或高清扫描固定。
④配制的血潜手印显现储备液可长期贮存,工作液最好现用现配,配制好的工作液可在冰箱内存放一段时间,在使用前应先做预实验,以避免破坏待显客体。
⑤使用血迹红(血迹蓝)显现前,必须使用固定液无水乙醇对待显表面固定并清洗干净,喷洒血迹红(血迹蓝)溶液,显现前要保持客体表面无水乙醇浸润,而不是保持干燥。在喷涂显现液 10 秒~15 秒钟后,要迅速使用无水乙醇清洗液清洗多余残液,不能等显现液干燥后再清洗。如果清洗液清洗后,仍有残色,可以浸泡于清洗液中,轻轻晃动清洗盘或清洗盆,不可大力搅拌,防止纸张类客体破损。
⑥对血液或其他能够发生反应的材料,都会有颜色变化反应,不能作为血潜手印的认定依据。
⑦过氧化氢标准浓度为 30% 左右,其浓度随时间增长而降低,使用长时间放置的过氧化氢时,需做预实验,浓度降低时,适当增加其显现液的比例。

需要注意的是,以上都是保障显现质量的常规方法,由于待显手印的形成质量不可控,显现过程应当选择最佳的操作方法,确保最大限度地还原现有待显手印的特征,使之清晰可辨。

任务2 胶带粘附面上潜在手印显现技术

【建议学时】0.5 学时。

【任务要求】了解胶带的结构、性质及剥离技术,胶带粘附面上潜在手印的显现基本原理、适用范围,掌握胶带粘附面上潜在手印显现的基本方法、后续处理方法及注意事项,能够正确提取并固定显现后的手印。具体流程如下:

序号	工作步骤	要求	时间分配	备注
步骤1	了解案情	了解基本案情,掌握待显客体基本情况及影响因素	5 min	
步骤2	准备工作	拟定显现方案,做好各工作环节的准备工作及准备好所需要的物品		
步骤3	寻找发现	尽可能寻找发现潜在手印,精准显现	5 min	
步骤4	显现操作	选择恰当的操作方法,尽可能显现出所有手印		
步骤5	固定提取	依据不同的操作方法和待显客体物理属性,进行有效固定	5 min	

续表

序号	工作步骤	要求	时间分配	备注
步骤6	质量分析	分析手印的显现提取质量，看是否需要进一步处理	5 min	

表 1-31

【任务背景】某年某月某日在某城乡接合部，一蒙面作案人在偏僻的马路边持刀劫持了一名女中学生，用受害人上衣蒙住其双眼，并用透明胶带封其口部，用透明胶带捆扎受害人的双手腕部，拖至树林中实施强奸，作案后迅速逃离现场。被害人被路人发现后，及时报案。侦查技术人员对现场进行勘验分析，认为受害者口部和双手腕部粘贴和捆绑用的透明胶带上面极有可能留有作案人手印，需尽快显现出胶带粘附面上的潜在手印，并对其显现效果进行分析，判断是否有必要进一步强化处理。

【任务资料】

待显客体情况					
序号	品名	属性	数量	颜色	备注
1	口部、腕部的透明胶带	胶带（非光滑非渗透性客体）	无数	透明	

表 1-32

【任务内容】

步骤一：了解案情。

1. 掌握待显客体的基本情况，如物理属性、化学属性（软硬程度、表面光洁度、颜色、渗透性、被显现客体的条件、种类、机械强度、伸缩性、黏附性、黏合剂等），分离胶带时有无污染、新增手印情况。

2. 分析环境影响因素，如灰尘厚度、空气湿度、温度、有无人为破坏等。

步骤二：准备工作。

依据痕迹形成要素及环境影响因素，拟定最佳显现方案。胶带是一种特殊的胶黏剂，是将胶黏剂涂于基材上加工成带状并制成卷盘，在日常生活中较为常见的为压敏胶黏带，它体小质轻，便于携带，在刑事案件中经常被用来限制人身自由，捆扎物体。由于胶带具有较强的黏性，作案人使用胶带往往需要脱掉手套，极易留下作案人的手印。根据胶带的特性，手指乳突纹线与胶带接触，胶面形成与乳突纹线表面结构凹凸相反的形态，形成手印的介质可能为汗垢，因此，可使用紫外照相法、"502"胶熏显法、小颗粒悬浮液显现法、碳素墨水显现法、龙胆紫染色法。下面主要介绍前面未使用过的碳素墨水显现法和龙胆紫染色法，根据案件具体情况，可在以下方法中择优选用。

1. 方法一：碳素墨水显现法。

（1）显现原理：碳素墨水是碳颗粒（高细度炭黑）的悬浮液。将胶带表面的黏合剂溶解后，用生物染色剂或悬浮液染色剂对手印纹线进行染色，增大了手印纹线和背景的反差而将手印显现出来。

（2）适用范围：各种胶带（包装用胶带、办公用胶带、医疗用压敏型胶带、电气绝缘胶带、涂装用胶带、胶粘标签、双面胶粘带等；也有布基胶带、金属基胶带、纸基胶带、发泡剂胶带等）上粘附的潜在手印。

（3）依据显现方案准备所需的显现材料。碳素墨水（黑色液体）、软毛刷、脱脂棉、镊子（银色金属）、烧杯（玻璃）、玻璃棒、搪瓷盘、手套（橡胶）、口罩、吹风机、相机或扫描仪、比例尺、物证袋（透明塑料）。

2. 方法二：龙胆紫染色法。

（1）显现原理：有机染料与蛋白发生吸附时发生化学键的断裂和形成，从而导致有机染料结合在蛋白上而使蛋白显色。

（2）适用范围：各种胶带（包装用胶带、办公用胶带、医疗用压敏型胶带、电气绝缘胶带、涂装用胶带、胶粘标签、双面胶粘带等；也有布基胶带、金属基胶带、纸基胶带、发泡剂胶带等）上粘附的潜在手印。

（3）依据显现方案准备所需的显现材料。龙胆紫（结晶体）、蒸馏水、无水乙醇、脱脂棉、镊子（银色金属）、烧杯（玻璃）、玻璃棒、搪瓷盘、手套（橡胶）、口罩、吹风机、相机或扫描仪、比例尺、物证袋（透明塑料）。

步骤三：寻找发现。

碳素墨水显现法与龙胆紫染色法均依照模块一项目一任务1的内容，在受害者口部封堵和手腕捆扎的透明胶带上寻找发现手印，并找寻可能遗留手印的重点部位。

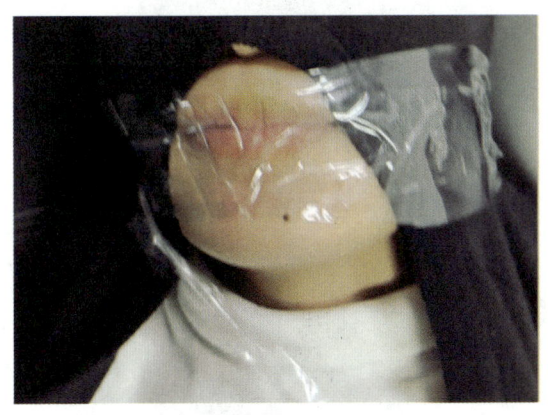
受害人口部封堵的透明胶带

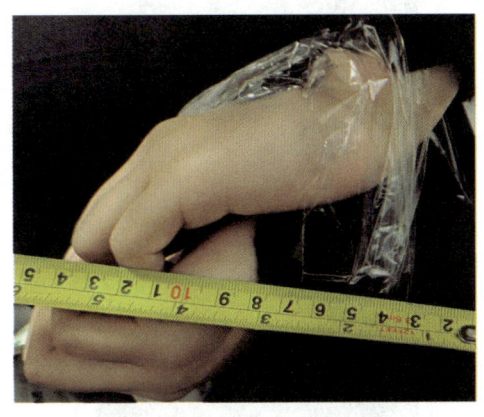
受害人手上捆扎的透明胶带

步骤四：显现操作。

1. 碳素墨水显现法。

（1）对案件中的胶带进行剥离，整理好后，粘面朝上置于显现盘中或干净桌面上，将剥离后的胶带晾干。

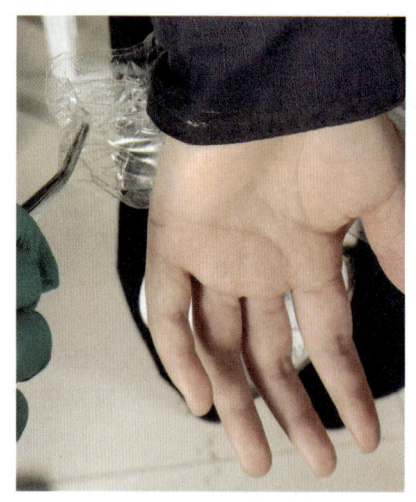

剥离胶带

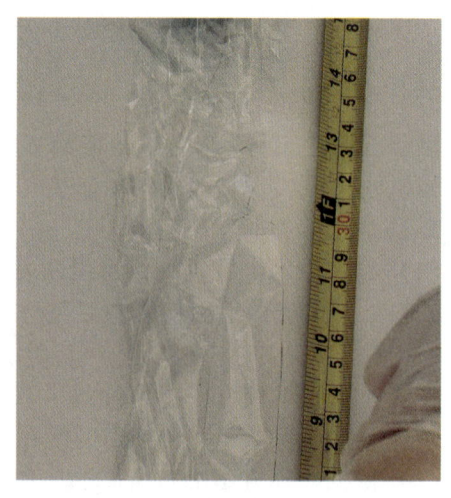

固定于桌面

（2）用软毛刷或镊子夹住脱脂棉蘸取碳素墨水，轻轻涂于胶带粘面上，使胶带粘面上均匀布满一层墨水，晾3分钟~10分钟，时间视环境温度、湿度而定，当胶带粘面上的碳素墨水将干未干时，用小水倾斜冲洗干净后，用吹风机小风朝一个方向吹干。

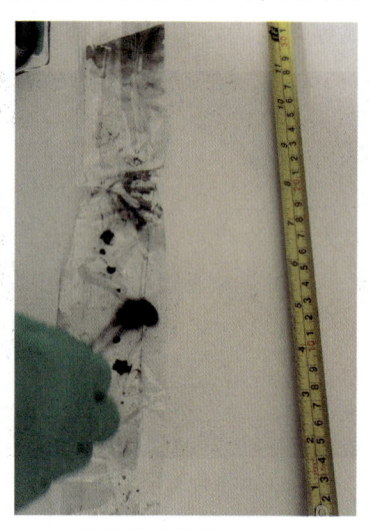

脱脂棉涂抹待显区域

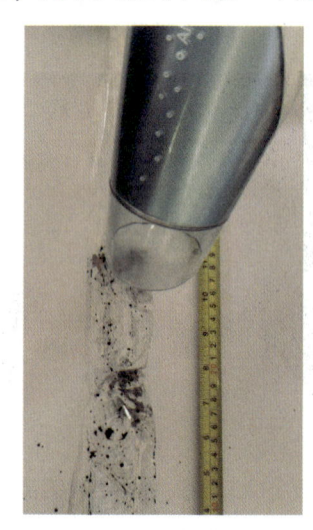

风吹晾干

2. 龙胆紫染色法。

（1）配方一：取龙胆紫（甲紫或结晶紫）0.5g~1g置于适当容器中，加入蒸馏水至100ml溶解即配成龙胆紫染色液。

配方二：取龙胆紫（甲紫或结晶紫）0.5g~0.9g置于适当容器中，加入无水乙醇5ml~10ml，加水至100ml溶解即配成龙胆紫染色液。

对案件中的胶带进行剥离，整理好后，粘面朝上置于显现盘中或桌面上，将剥离后的胶带晾干（详见图"剥离胶带""固定于桌面"）。

（2）粘面朝上置于显现盘中或桌面上，用软毛刷或镊子夹住脱脂棉蘸取龙胆紫染色液，轻轻涂于胶带粘面上，使胶带粘面上均匀布满一层染色液，也可让胶带纸浸泡于染色液中，30秒后立即漂洗胶带，至反差较为明显时取出观察显现效果（与碳素墨水显现法类似）。

步骤五：固定提取。

1. 将显出的手印进行观察及拍照/扫描仪扫描（请将比例尺放置于待检客体边缘）。

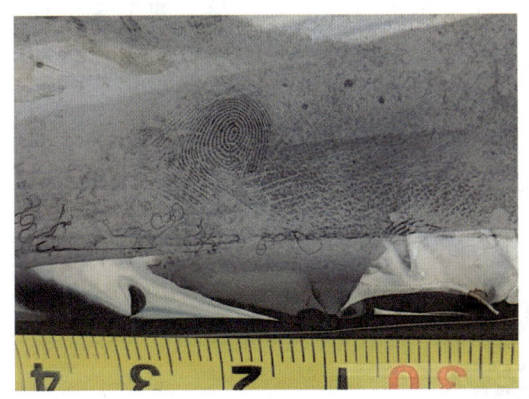 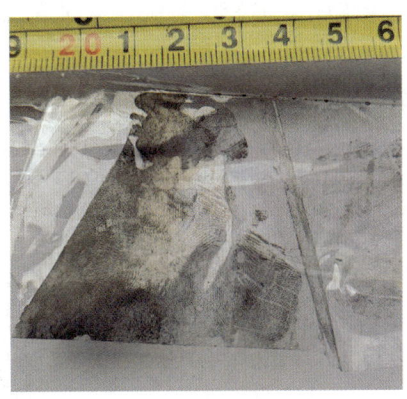

物证翻拍

2. 将其固定好后放入物证袋中进行保存，并备注相关信息，收拾好其余物品。

步骤六：质量分析。

1. 胶带剥离时全程应戴手套操作，避免被显现客体被技术人员触碰后，留下新的手印。在剥离胶带的接头处时要谨慎，因胶带的接头处是犯罪嫌疑人最易遗留手印的部位。

2. 应尽量少用镊子，禁用线手套或一次性塑料手套，此类物品会在胶带粘面上留下类似手印纹线的痕迹。

3. 胶带光面上手印显现可参照非渗透性待显客体上的手印显现程序。但显现时需要注意：由于粘面特殊的物理性质，压敏胶黏性很强，不属于渗透性客体，也不是非渗透性客体。用光学照相方法有时有较好的结果，对条件较差的手印，如现场胶带经常出现缠绕扭结的情况，胶带表面凹凸不平，并黏附纤维、灰尘、泥土等物质，此方法无法解决，需考虑使用碳素墨水显现法、龙胆紫染色液法、悬浮液法等对胶带粘面上的手印进行显现。

4. 当汗液量较多时，胶面上遗留的手印不清晰，相反表皮干燥时遗留的手印较清晰。

5. 当两胶粘面相互粘贴时，手印物质在黏性作用下发生迁移，两个胶面上形成两枚镜像手印，其手印常为不完整或出现空白点等。

6. 现场胶粘面上常附着灰尘、血液、油污或表皮组织等，处理胶粘面上的手印时要注意分析这些外在因素的干扰，并且注意生物检材和微量物质检材的利用。

7. 提取时应根据现场情况采取相应措施，并注意以下细节：

（1）避免胶带光面和粘面受到污染（特别需要注意不要用报纸包装，以防字迹印在胶面上无法去除）。

（2）避免胶面与其他杂物粘连（对于量少、胶面裸露的胶带，可在其两端衬垫隔离纸后用夹子固定在适合的客体上,使胶带粘面呈悬空状态,然后放入纸箱或者载物盒中;对于总量较多且粘连复杂的胶带,可用隔离纸将其包好,置于纸箱或者载物盒中,带回实验室进行后续工作的处理)。

8. 在碳素墨水显现法中,将碳素墨水倒入小烧杯中,涂抹要均匀,避免引起着色不一导致手印显现效果较差,小水倾斜冲洗时注意不要直对待检客体,双手拿住胶带两侧,倾斜冲洗。碳素墨水悬浮液使用前,应摇晃均匀再使用,使用陈旧碳素墨水应事先做试验。

以上都是保障显现质量的常规方法,由于待显手印的形成质量不可控,显现过程应当选择最佳的操作方法,确保最大限度地还原现有待显手印的特征,使之清晰可辨。

【拓展知识】

任务3　灰尘手印显现技术

【建议学时】2 学时。

【任务要求】了解灰尘的属性,灰尘手印的种类、基本原理、适用范围,掌握常见客体上灰尘手印显现的基本方法、后续处理方法及注意事项,能够正确提取并固定显现后的手印。具体流程如下:

序号	工作步骤	要求	时间分配	备注
步骤1	了解案情	了解基本案情,掌握待显客体基本情况及影响因素	5 min	
步骤2	准备工作	拟定显现方案,做好各个工作环节的准备工作及准备好所需要的物品	5 min	
步骤3	寻找发现	尽可能寻找、发现与案件有关联性的潜在手印,精准显现	10 min	
步骤4	显现操作	选择恰当的操作方法,尽可能显现出所有手印	35 min	
步骤5	固定提取	依据具体的显现方法和承痕客体物理属性,进行有效固定	20 min	
步骤6	质量分析	分析手印的显现提取质量,决定是否需要进一步处理	15 min	

表 1-33

【任务背景】 某化工厂一原料库房被盗，经侦查技术人员勘验发现，该库房窗户外面的防护栏被断线钳剪断，玻璃完好无损，在窗台、窗户前的桌面上有多处鞋印及手印，该库房存放的危险管控化学品失窃，由于该库房近半个月没有人员进出，桌面、椅子上均落有较厚的灰尘，侦查技术人员对现场痕迹分析判断，认为极有可能留有作案人手印，需尽快显现出窗户防护栏、窗台、桌面及抽屉上的潜在手印，并对其显现效果进行分析，判断是否需要进一步强化处理。

【任务资料】

待显客体情况					
序号	品名	属性	数量	颜色	备注
1	窗户防护栏	铁（光滑非渗透性客体）	1	白色	
2	窗台	瓷砖（光滑非渗透性客体）	1	白色	
3	桌面	玻璃（光滑非渗透性客体）	1	透明	
4	抽屉	木质（光滑半渗透性客体）	1	原木色	

表 1-34

【任务内容】

第一，了解案情。

1. 掌握待显客体的基本情况，如物理属性（软硬程度、表面光洁度、颜色、渗透性、被显现客体的条件等）。

2. 分析环境影响因素，如灰尘厚度、空气湿度、温度、有无人为破坏等。

第二，做好准备工作。

1. 基于痕迹形成要素及环境影响变量分析，制定最优显现方案。鉴于被显现客体包括室外窗户防护栏、窗台及人员流动频率较低的库房桌面及抽屉，其介质以灰尘为主，可适用短波紫外反射照相法、熏染显现法（加湿"502"胶熏显法）、化学显现法（硫氰酸钾显现法）等显现方法。

2. 显现原理：灰尘作为复合型混合物，其理化特性呈现多维复杂性。微粒形态多具备不规则棱角结构，色泽以灰、褐、黑等色系为主，通常包含可溶性成分（无机离子）、有机成分、微量元素和碳元素四大类。微粒透光性能呈现显著差异性特征，其三维空间结构形成层状/网状拓扑形态，赋予较大表面积及强吸附特性，可有效捕获气/液态物质。值得注意的是，工业粉尘（水泥、石灰、炭黑等）的介入会改变介质组分。该物质在常规环境条件下保持稳定的空间构型及化学惰性，不溶于水及有机溶剂，与酸碱试剂无显著反应。因此，灰尘手印时效性判定存在技术瓶颈，其显现效果主要受控于尘层厚度、作用力强度及汗液分泌量等变量参数。

灰尘手印的分类	
灰尘加层手印	灰尘减层手印
手与客体表面相接触时，手上附着的灰尘或汗液与灰尘的混合物质转移到客体表面形成的手印	手与客体表面相接触时，客体表面的薄层灰尘转移到手上，同时有一部分汗液遗留在客体表面形成的手印

表 1-35

根据案件具体情况，可在以下 3 种方法［短波紫外反射照相法；加湿"502"胶熏显法；化学显现法（硫氰酸钾显现法）］中择优选用。

1. 方法一：短波紫外反射照相法。

步骤一：了解案情（详见上文）。

步骤二：准备工作（详见上文）。

（1）显现原理：紫外线是电磁波谱中的不可见光，遵循与可见光相同的直线传播、反射和折射等基本光学特性。其短波长特性赋予更高光子能量，更易被物质原子或分子吸收并转化为内能。当短波紫外线照射存留灰尘手印的客体表面时，纹线与基底因反射系数差异形成紫外光谱区的亮度梯度，通过光学成像系统记录这种辐射能量分布差异，可实现灰尘手印的显现。

（2）适用范围：此方法属无损检验，对汗液—灰尘混合手印显现效果优于单纯灰尘手印，由于灰尘微粒对紫外辐射的吸收截面较小而反射占优，当承痕体与灰尘介质的光学性质趋近时，二者紫外反射对比度显著降低，此时需结合其他技术手段协同处理。

（3）依据显现方案准备所需的显现材料：紫外滤光镜（长波紫外线 365nm/短波紫外线 254nm）、多波段光源、手套（橡胶）、口罩、相机、比例尺、物证袋（透明塑料）。

步骤三：寻找发现。

依照模块一项目一任务 1 的内容，需对窗户防护栏、窗台、桌面及抽屉等部位开展系统勘查，重点针对上述区域的潜在灰尘手印进行细致甄别。

步骤四、步骤五：显现操作及固定提取。

将紫外滤光镜（长波紫外线 365nm/短波紫外线 254nm）装配于数码相机镜头前，对可疑客体表面灰尘手印进行定位观测，规范放置精密比例尺并完成光学记录。

（1）紫外线反射摄影装置示意图。

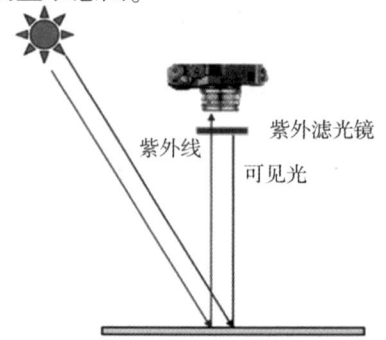

（2）不同物面的汗液——灰尘手印显现。

①光滑表面上的汗液——灰尘手印。

光学反射特性：表面呈光滑镜面特征，形成高强度的定向反射光束，其法线方向无散射分量。该材质对紫外线辐射具有强吸收性，表面层几乎完全阻隔紫外波段且无内部反射现象。人体汗液在277nm波段呈现宽幅吸收光谱，同样不具备内部反射效应。汗渍附着层呈现半光滑特征，形成漫反射与镜面反射叠加的复合型反射现象，法线方向存在显著散射分量。推荐采用254nm短波紫外反射成像技术进行采集，控制入射角度<30°可获得最佳成像效果。

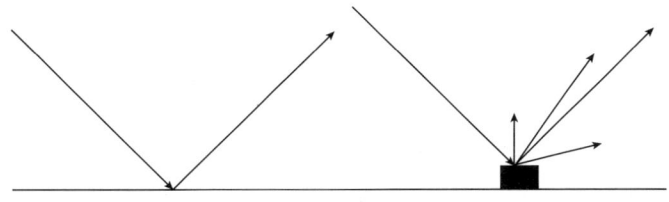

入射角度：10°~30°

正片效果：深背景下的浅纹线

②亚光表面汗液——灰尘手印。

光学反射特性：基底表面呈半光滑状态，形成混合反射与漫反射并存的光学现象，其中法线方向存在显著反射分量。基底材料在紫外线波段的吸收系数略低于汗液残留物，且内反射效应微弱。汗液在277nm波长处呈现宽幅吸收谱带，不具备内反射特性。基于汗液，基底界面同属半光滑表面体系且垂直反射分量较弱的光学特征，推荐采用入射角45°的254nm短波紫外反射照相技术进行增强显像。

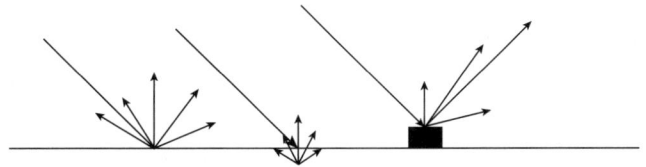

入射角度：45°左右

正片效果：浅背景下的深纹线

③光泽白纸上的汗液——灰尘手印。

光学反射特性：该材质表面属于光学光滑表面范畴，主要形成定向反射效应，垂直反射分量近乎消失。其紫外线吸收能力不强，但具备显著的内反射特征。在277nm波长区域可观测到显著的宽谱吸收带，此时无内反射效应。表面微观结构呈现半光滑特征，形成混合型反射模式，其中垂直反射分量显著衰减。推荐采用254nm短波紫外反射摄影技术，以45°入射角进行手印提取。

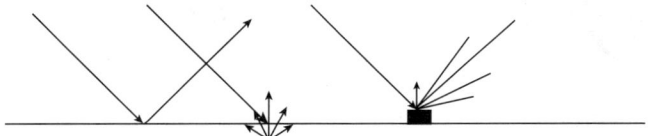

入射角度：45°左右

正片效果：浅背景下的深纹线

步骤六：质量分析。

（1）操作全程须佩戴手套，防止技术人员在操作过程中于被显客体表面遗留新的手印。

（2）针对易损的灰尘介质手印，建议在密闭环境或采取防风措施后进行显现，最大限度降低气流扰动对手印形态的影响。

2. 方法二：加湿"502"胶熏显法详见项目三任务2"502"胶显现技术。

3. 方法三：化学显现法（硫氰酸钾显现法）。

步骤一：了解案情（详见上文）。

步骤二：准备工作（详见上文）。

（1）显现原理：此方法是在强酸条件下，硫氰酸钾的硫氰酸根离子与强酸的氢离子结合生成挥发性硫氰酸气体，该气体与灰尘手印中的铁离子发生络合反应，生成棕红色的硫氰酸铁络合物，从而显现出手印。

（2）适用范围：对灰尘加层手印显现效果较好，其显影质量基本不受手印遗留时长限制，在半渗透性和渗透性客体上表现突出，尤其适用于纸张、木材等纤维材质；相较于减层手印效果有限。

（3）依据显现方案准备所需的显现材料：硫氰酸钾（结晶体）、浓硫酸（液体）、吸液管（玻璃）、固定剂（液体）、烧杯（透明玻璃）、玻璃棒、多波段光源、镊子（木质）、手套（橡胶）、口罩（防毒）、相机或扫描仪、比例尺、衬纸（黑白）、指纹胶带、物证袋。

步骤三：寻找发现。

依照模块一项目一任务1的内容，需对窗户防护栏、窗台、桌面及抽屉等部位开展系统勘查，重点针对上述区域的潜在灰尘手印进行细致甄别。

a

b

窗户防护栏
a 用多波段光源寻找、发现的手印
b 用手印胶带进行提取

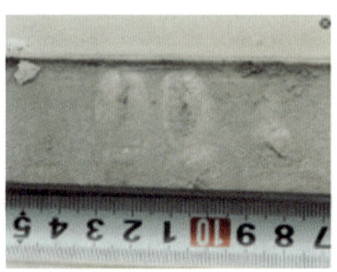

c

d

窗台
c 灰尘减层手印
d 在灰尘手印上喷洒固定剂后的显现效果

模块一　潜在手印勘验

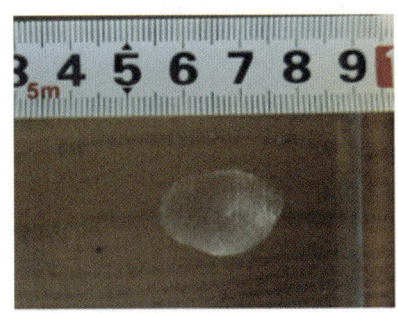

e

f

g

桌面（玻璃）
e 桌面上的灰尘加层手印
显现步骤详见步骤四

抽屉（木质）
f 抽屉上的灰尘加层手印
g 对灰尘手印显现后，用多波段光源加强后的显现效果

步骤四：显现操作。

硫氰酸甲显现法。将 10g 硫氰酸钾放入烧杯中，用玻璃吸液管缓慢注入 5ml～10ml 浓硫酸，通过酸碱置换反应生成挥发性硫氰酸气体，渗透性客体熏显 3 分钟左右，非渗透客体熏显 10 分钟左右，待客体表面显出棕红色手印纹线后立即进行物证固定。注意，该方法显色物质稳定性较差，应及时拍照提取。

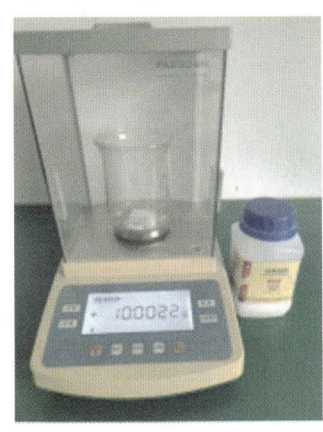

称重

浓硫酸与硫氰酸钾发生反应

步骤五：固定提取。

（1）对显出的手印进行观察及拍照/扫描仪扫描（请将比例尺放置于待显客体外边缘）。

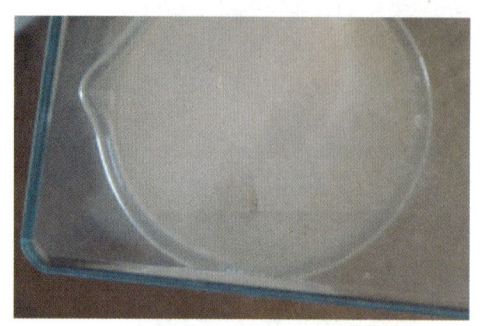
实时观察显现效果

显现后手印

（2）将被显客体提取后放入物证袋中进行保存，收拾好其余物品。

步骤六：质量分析。

（1）操作全程应佩戴手套，防止因技术人员触碰而留下新的手印。

（2）硫氰酸钾与浓硫酸属高危化学制剂，实验人员须规范佩戴丁腈手套、防护口罩及全封闭护目镜，建立三级安全防护体系。

（3）灰尘介质手印形态稳定性较差，建议在密闭环境或采取防风措施后进行显现，最大限度降低气流扰动对手印形态的影响。

上述措施构成显现质量保障的基础框架，鉴于检材手印的原始形成条件存在变量，实施过程中需结合检材特性进行方法优化，通过参数调控最大限度还原潜在手印形态特征，确保纹线细节清晰可辨。

【拓展知识】

任务4　真空镀膜显现技术

【建议学时】0.5学时。

【任务要求】了解真空镀膜显现手印的基本原理和适用范围，掌握真空镀膜显现技术显现潜在手印的基本方法、后续处理方法及注意事项，能够正确提取并固定显现后的手印。具体流程如下：

序号	工作步骤	要求	时间分配	备注
步骤1	了解案情	了解基本案情，掌握待显客体基本情况及影响因素	5 min	
步骤2	准备工作	拟定显现方案，做好各工作环节的准备工作及准备好所需要的物品		
步骤3	寻找发现	尽可能寻找发现潜在手印，精准显现	5 min	
步骤4	显现操作	选择恰当的操作方法，尽可能显现出所有手印	5 min	
步骤5	固定提取	依据不同的操作方法和待显客体物理属性，进行有效固定	5 min	
步骤6	质量分析	分析手印的显现提取质量，决定是否需要进一步处理	5 min	

表 1-36

【任务背景】

某酒吧发生一起持枪杀人案件，公安机关接警后迅速赶赴现场，经侦查技术人员仔细勘验现场后，发现现场为该酒吧一豪华包房，一具男性尸体仰靠在沙发上，尸体心脏处仅有一处贯通枪弹创，现场发现一枚射击弹头和一枚弹壳，现场未发现其他痕迹，经扩大搜寻范围，在走廊垃圾桶内发现一副乳胶手套和一个一次性塑料水杯，经侦查人员推断，弹头、弹壳、乳胶手套、塑料水杯上有可能留有犯罪嫌疑人的手印，需尽快显出手印，并对其显现效果分析，判断是否有必要进一步强化处理。

【任务资料】

待显客体情况					
序号	品名	属性	数量	颜色	备注
1	弹头	铜（非光滑非渗透性客体）	1	黄铜色	
2	弹壳	铜（非光滑非渗透性客体）	1	黄铜色	
3	乳胶手套	乳胶（光滑非渗透性客体）	1	蓝色	
4	一次性塑料水杯	塑料（光滑非渗透性客体）	1	透明	

表 1-37

【任务内容】

步骤一：了解案情。

1. 掌握待显客体的基本情况，如物理属性（软硬程度、表面光洁度、颜色、渗透性、被显现客体的条件等）。

2. 分析环境影响因素，如灰尘厚度、空气湿度、温度、有无人为破坏等。

步骤二：准备工作。

1. 依据痕迹形成要素及环境影响因素，拟定最佳显现方案。由于被显现客体为弹头、弹壳、乳胶手套、一次性塑料水杯，介质极有可能为汗液，符合真空镀膜的显现范围。

（1）显现原理：在真空条件下，将金、锌、铝、银、铜等金属或非金属镀膜物质放在真空镀膜机的蒸发源上，通电加热，当温度超过沸点时，被加热物质以气态分子或原子状态向四周喷射，由于真空条件下空气分子极少，与空气分子碰撞的机会较少，因此能直接喷射在待显客体上，使得有纹线部分与无纹线部分积淀成膜的厚度不均，清洁部位成膜均匀且厚，不清洁部位成膜较薄或不积淀成膜，因而增强了反差，将手印显出。

（2）适用范围：此技术的适用范围较广，其适用的手印物质范围包括汗液、皮脂、油脂、灰尘、蛋白质、血液等。对塑料、金属、玻璃品、木制品、皮革、光滑纸张、搪瓷器皿、陶器、浅色纺织品、橡胶等非渗透性客体上的汗潜手印都有良好的显现效果，也可用于风化油漆木、本色木质、纸制品等客体上的汗灰混合、灰尘加层与减层手印，还有枪支、器具等物体上的油垢减层手印。另外，对一些特殊光滑客体上的血潜手印也有一定的显现效果。

2. 依据显现方案准备所需的显现材料：真空镀膜机、乙醇、手术刀、剪刀、镊子（木质）、手套（乳胶）、口罩、防护眼镜、相机或扫描仪、比例尺、物证袋（透明塑料）。

步骤三：寻找发现。

依照模块一项目一任务1的内容，在弹头、弹壳、乳胶手套上寻找发现汗潜手印，在弹头、弹壳、乳胶手套上寻找可能遗留手印的重点部位。

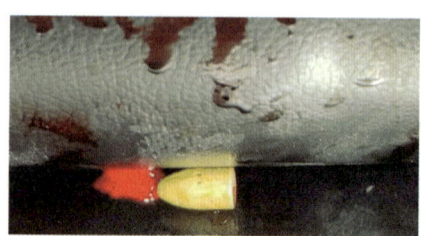

弹头

弹壳

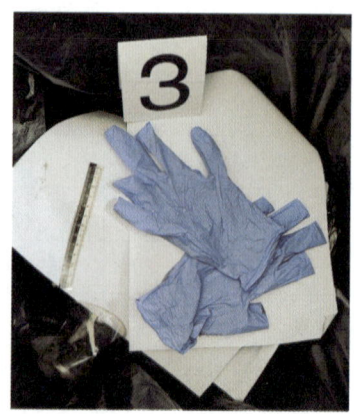

乳胶手套、一次性塑料水杯

步骤四：显现操作。

1. 接通系统，开启设备总电源等装置。

2. 启动真空泵，泵准备就绪后，"启动泵"文字将变为黑色，按下"启动泵"按钮。

启动顺序如下：开启旋转真空泵→时间延迟（允许旋转真空泵预热）→打开前级真空阀（以排放扩散泵）→将扩散泵排放至预设压力→开启扩散泵→扩散泵预热（15分钟）。如果扩散泵已达到其工作温度，系统即做好使用准备。

模块一　潜在手印勘验

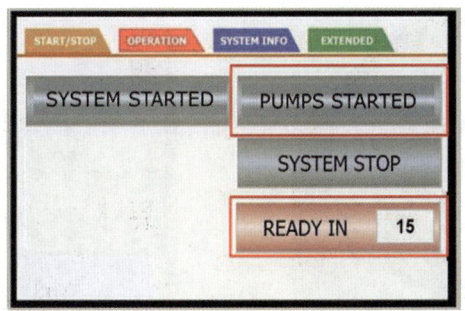

操作界面

（1）启动真空镀膜 VMD 处理，加载待检客体，在显现操作时，尽量缩小被显客体体积，对其进行必要的干燥处理。

通过两侧把手小心地将载物架从工作腔中抽出，使用支架将被显客体固定在腔体上方，与蒸发源保持距离，并保持一定的夹角。使用磁铁（或者其他合适的加载材料）将待检客体固定到载物架上。

确保载物架完全抽出且锁定到位，小心地将载物架旋转到初始的位置并将其推入工作腔中。

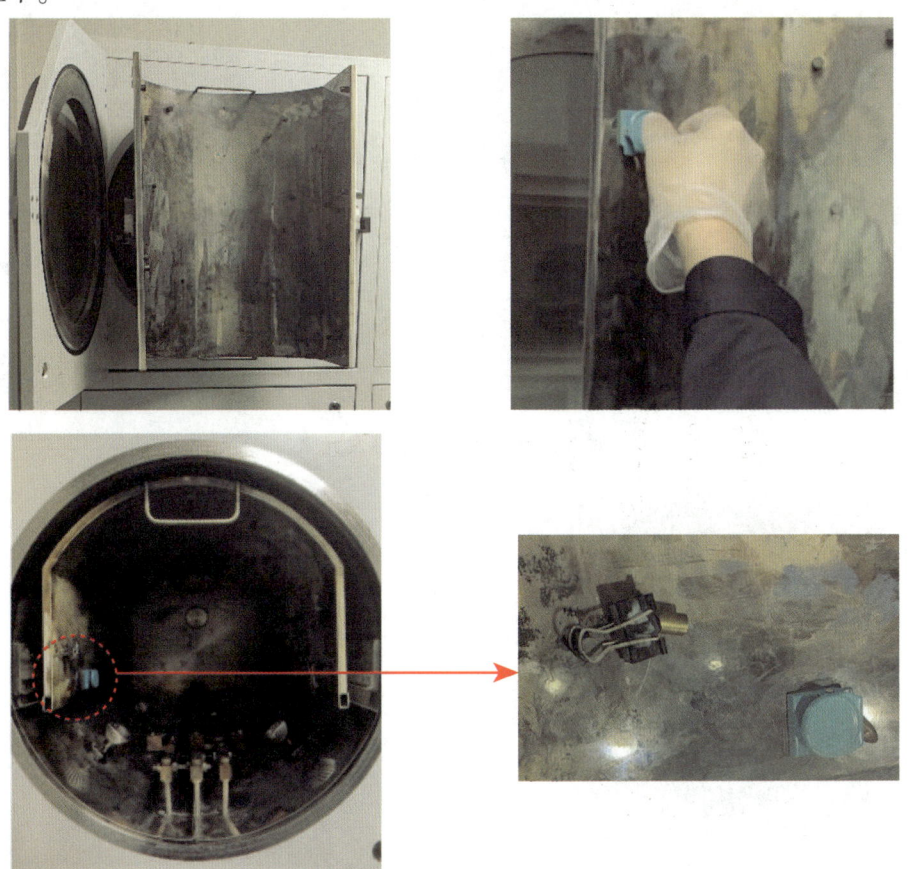

放入弹头、弹壳

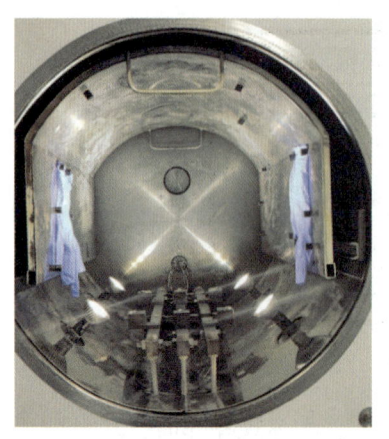

放入乳胶手套、一次性塑料水杯

（2）运行双源 VMD 过程，腔室抽气，将腔室压力排空到高真空压力最佳（优于 2×10^{-4} 毫巴），指的是用金或锌进行镀膜，蒸发瞬间发出强光。根据参照样本纹线显出情况，并结合被显客体物面实际情况控制镀锌时间，请及时关闭蒸发挡板，防止显现过度。

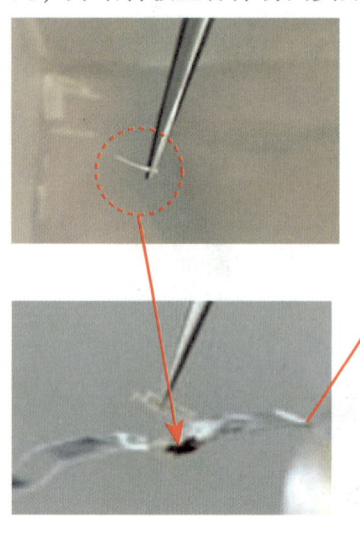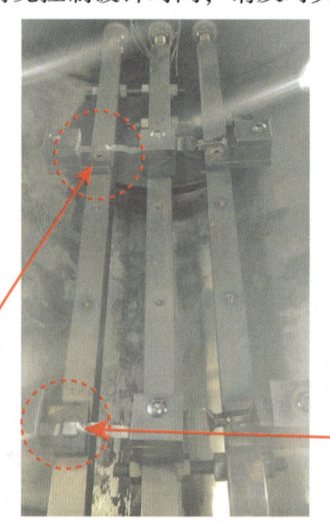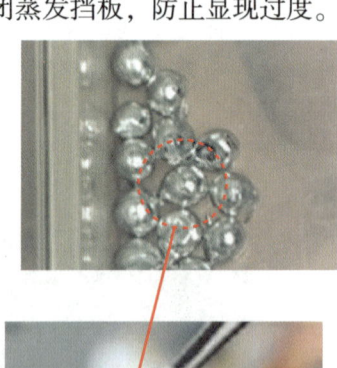

对应位置放入相应的蒸发元素

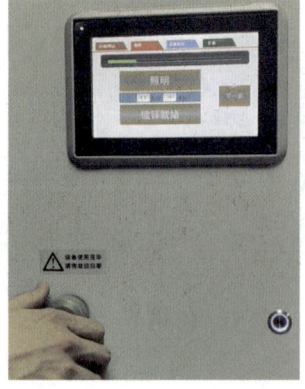

观察显现

（3）将腔体内注入空气，取出客体进行观察记录。使用乙醇清洁观察窗及照明灯等。

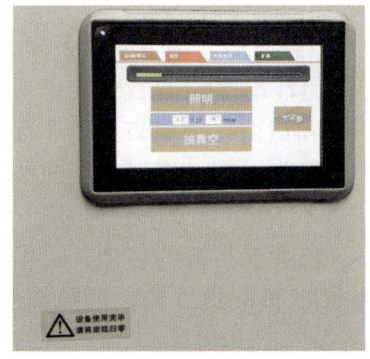
注入空气

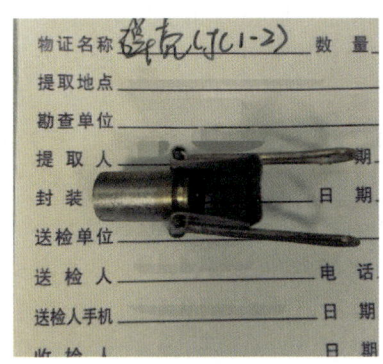
观察记录

步骤五：固定提取。

1. 将显出的手印进行观察及拍照/扫描仪扫描（请将比例尺放置于待显客体外边缘）。

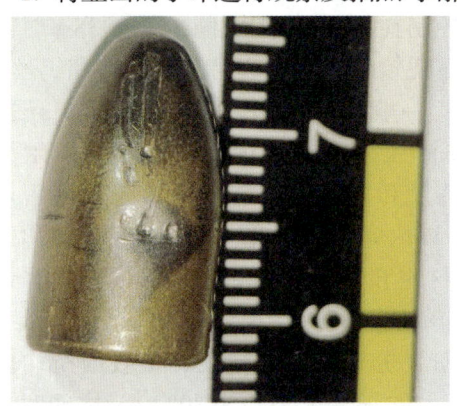
弹头

弹壳

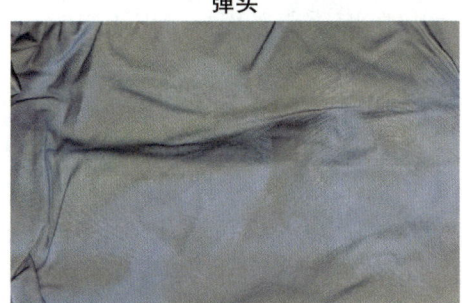

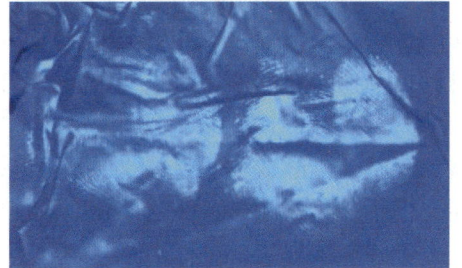
橡胶手套

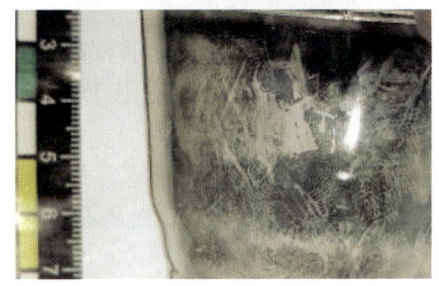
塑料水杯

2. 将其放入物证袋中进行保存,并备注相关信息,收拾好其余物品。

步骤六:质量分析。

1. 全程应戴手套操作,避免被显现客体被技术人员触碰后,留下新的手印。

2. 此手印显现方法更为灵敏,对于非渗透性客体上汗潜手印的显现效果要明显优于"502"胶熏显法,尤其是对于 7 天以上的陈旧手印和遗留汗液量较少的手印,此方法显出手印的清晰度会更高,弥补"502"胶熏显法不足,能有效增强手印纹线与背景的反差,避免了"502"胶熏显后染色的步骤。

3. 显现效果与客体表面的光滑度和清洁度有关,表面较粗糙的客体,需增加金和锌用量,适当延长镀膜时间,反差会更好。但需注意时间不要过长,以免锌膜过厚,影响显现效果。

4. 操作重要提示:在增加功率到白热过程中不要直视器皿,否则可能会损伤眼睛。请佩戴系统提供的安全眼镜。

5. 影响真空镀膜显现手印效果因素如下:

(1)蒸发锌所用的电流。蒸发锌的电流应控制在 38A~42A 之间,低于 38A 时会出现镀不上锌的情况,而高于 42A 时无益于提高显现效果,反而容易消耗坩埚和钨丝。

(2)金属沉积的时间。由于金的蒸发较快,一般 2s~3s 即可完成,因此,还需留出一段时间让金原子充分沉积在客体表面,并渗入手印纹线内部。待金蒸发殆尽的 20s~30s 后再进行镀锌操作效果最佳。而锌的蒸发和沉积过程需要通过观察窗密切监视,锌大面积沉积并显出手印的变化一般在 10s 以内完成,因此,发现有手印显出,应在 3s 之内立即关掉蒸发源。同时,由于受客体材质和光洁度影响,部分较粗糙客体表面锌原子较难附着,显出手印需要适当延长锌的蒸发时间。

(3)蒸发源与被镀客体的角度选择。增加蒸发分子喷射方向线和接收面所构成的迎面角,可增强手印的显现效果。当蒸发源平面与被镀客体夹角为 30°~45°之间时,手印与背景反差最佳。新鲜手印采用 30°左右的角度,陈旧手印采用接近但不超过 45°的角度进行镀膜,手印与背景反差最佳。

(4)真空镀膜法与"502"胶熏显法可以互相增强。真空镀膜显现手印属于物理方法,而"502"胶熏显属于化学方法,两种方法彼此之间并不影响,反而互为补充,提高手印的显现率。真空镀膜可作为"502"胶熏显法的增强处理手段,对"502"胶熏现效果不好或反差较弱的手印用真空镀膜进行再处理,能获得明显的增强效果。而对于真空镀膜显现后效果不好或反差不明显的手印,也可再用"502"胶熏显法再次进行增强处理。

(5)真空镀膜显现法要求较高。真空镀膜手印显现技术其设备价格昂贵,占用空间大,仪器维护复杂,不适用于现场操作,对技术人员的仪器操作能力和水平要求较高。

以上都是保障显现质量的常规方法,由于待显手印的形成质量不可控,显现过程应当选择最佳的操作方法,确保最大限度地还原现有待显手印的特征,使之清晰可辨。

【拓展知识】

> 狱事莫重于大辟，大辟莫重于初情，初情莫重于检验。[1]
>
> ——【南宋】法医学家 宋慈

模块二

手印分析

1. 项目背景及任务：本章的教学重点是围绕手指掌面皮肤花纹的结构特性和形态规律，任务驱动引导学生系统掌握手印形成机理与分类体系，正确分析影响手印形成的因素，重点培养学生开展手印的性状分析与特征识别的理论素养及实践能力。教学难点在于指印形成的因素具有多维性，针对残缺、重叠、模糊等疑难手印的分析存在较高专业门槛，学生不易正确开展手印分析工作，建议结合司法鉴定实务中的典型案例展开深度剖析。

2. 知识目标：深入理解手印形成机制，系统掌握手印分类体系，精准掌握可见指印的状态分析方法与特征识别技术，全面把握检材指印与样本指印的鉴定标准体系及技术规范。

3. 能力目标：具备精准分析手印形态特征的专业能力，能够科学判定检材指印与样本指印的鉴定适格性，系统掌握手印宏观结构、花纹类型及微观细节的三级特征，形成独立完成手印特征图谱构建的专业技能。

4. 素质目标：培养严谨求实、客观公正的司法鉴定职业素养，强化独立完成鉴定任务的专业胜任力，注重团队协作与沟通能力的系统提升，恪守司法鉴定职业道德规范，坚守政治立场与法律底线。

5. 建议学时：6学时。

项目一 手印的形成与分类

任务1 手印的形成机理

【建议学时】1学时。

---

〔1〕释义：刑事案件没有比死刑判决更为重要的，死刑判决没有比查清原本的犯罪事实更为重要的，查清原本的犯罪事实没有比检验更为重要的。

【任务要求】通过该活动,让学生模拟日常生活中签订合同、协议等文件材料,并在材料中按印手印,以此了解手印的形成机理及手印检验的科学依据。

手印是人手接触物体所留下的印迹,是手指、掌部乳突纹线、屈肌褶纹、皱纹等皮肤纹理在力量作用下,与承载物接触时,经由表皮物质迁移、弹性形变、塑性形变等多种物理作用所形成的痕迹。

1. 手印包括:指头、指节和手掌印。

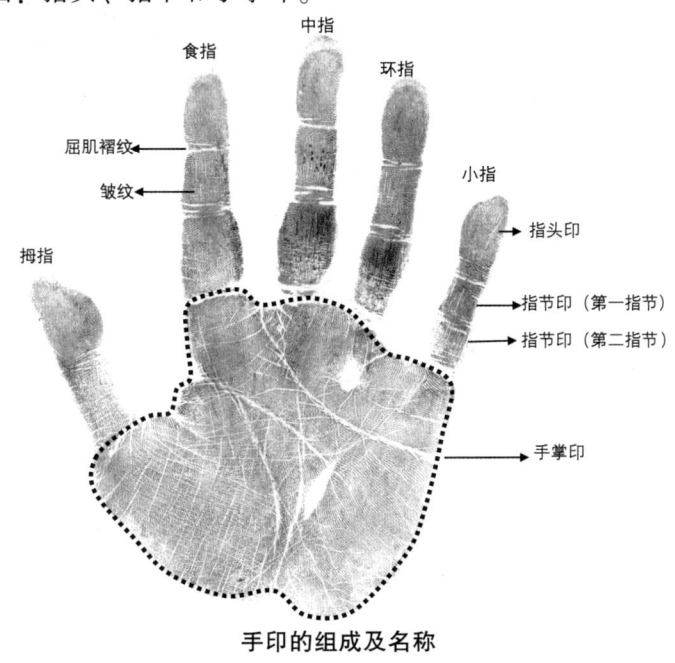

手印的组成及名称

2. 指纹的四大特点:人各不同,触物留痕,排列有序,终生基本不变。

(1)指纹的特定性:不同人的指纹不相同,即使是同卵双胞胎的指纹比较相似,但也不尽相同。人各不同的特点是指印鉴定的客观依据。

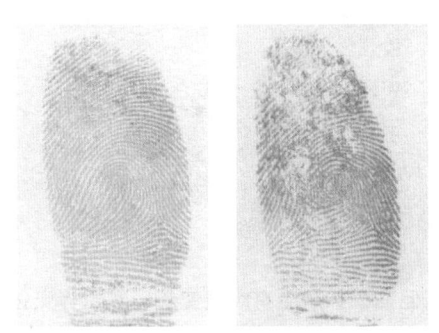 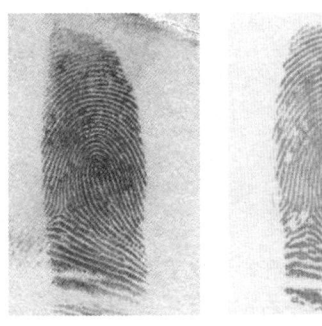

同卵双胞胎指印(左为哥哥、右为弟弟)　　同卵双胞胎指印(左为哥哥、右为弟弟)

(2)指纹的反映性:手与物体接触会在物体表面留下肉眼可见的或潜在的指印。潜在的指印需要显现才能看到。

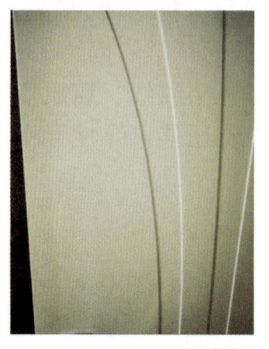
门上潜在手印不可见

在荧光照射下可见潜在指印

（3）指纹的规律性：指印看似杂乱无章，其纹线的排列实际上是有规律可循的。

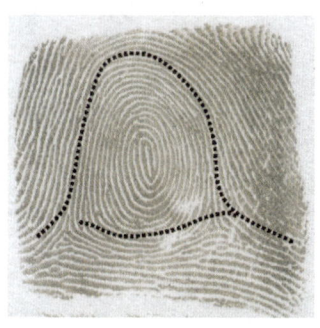
上部、中间、下部三个区域的纹线排列有序

（4）指纹的相对稳定性：胎儿发育到3、4个月时就会形成手纹，儿童在成长期间指纹会略有改变（如纹线变粗），最终定型为终生不变的指纹。

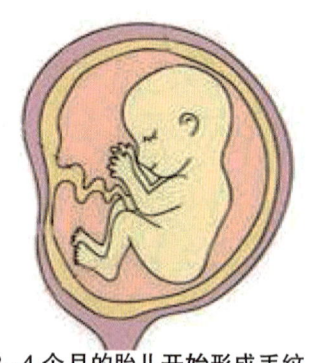
3~4个月的胎儿开始形成手纹，
6个月左右定型

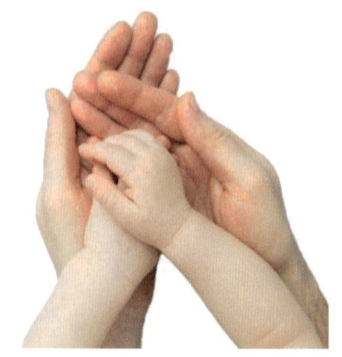
虽说终生不变，但在成长期会有纹线变长、变粗等变化

3. 手印形成的基本要素：手（造痕体）、肌力（作用力）、被接触物体（承痕体）、介质（汗液或其他附着物）。手印形成的四个因素彼此制约，不可或缺。任一因素均对手印的质量具有关键作用。

（1）手的生理状态左右着手印的尺寸、形态、纹线的密度、清晰度等。

（2）作用力的强弱直接关系手印纹线是否形变，以及清晰度、密度和特征的稳定性。

（3）承受物体的特性亦会制约纹线的清晰度、手印的留存性、特征的准确性以及对显现方法的限制等。

（4）手印中间介质的多少及其物理化学属性会左右手印的清晰度、线条的呈现方式以及显现方法的选用。

手印形成影响因素

影响手印质量要素	要素状态	手印质量影响因素分析	影响后果
造痕体（手）	生理状态决定	手印大小、形状	决定手印轮廓
		皮肤纹线疏密	影响特征密度
		皮肤弹性/温度	决定基础清晰度
	特殊状态影响	疤痕、老茧会改变纹路	局部纹路变形或中断
		皮肤病变（脱皮）特征	特征模糊或缺失
作用力（肌力）	力值大小直接影响	纹线清晰度波动	过小—纹线断续、疏密不均
		疏密分布规律	适中—纹线完整清晰
		特殊形变阈值	过大—纹线挤压变形（特征失真）
	施力方向决定	接触面覆盖率	垂直压力—接触面覆盖率低
		纹线延展形态	滑动摩擦—纹线拉伸或重叠
承痕体（接触物体）	表面物理性质	材质渗透性（多孔、非多孔）	影响介质渗透性
		基底色泽对比度	对比度影响可视性
		表面粗糙度等级	决定纹线连贯性
	环境抗性决定	环境抗干扰能力	抗老化能力—决定保存时间
		特征保真度	抗污染能力—影响特征保真度
介质（附着物）	理化特性决定	成分（汗液/油脂/灰尘）	决定显现方法
		挥发性	影响留存时效
		粘附性	决定转移完整性
	介质量变影响	过少	纹线残缺
		适量	线条连贯清晰
		过量	纹线粘连模糊

表 2-1

【任务内容】

步骤一：模拟在文件上按印指印。

1. 观察不同姿势（坐、站）下按印的指印有何变化。
2. 观察不同力度按印下的指印有何变化。
3. 观察不同印油（或用其他色料）按印的指印有何变化。

步骤二：通过模拟按印手印，结合手印形成的基本要素，分析影响手印形成的因素有哪些。

任务2　手印的分类

【建议学时】0.5学时。

【任务要求】通过该活动，让学生理解几种常见的手印分类，重点掌握文件上可见指印的分类。手印的分类标准一般包括手印的形象反映、形成状态、反映特点和物质成分等。

（一）按承痕体形态的变化

1. 平面手印：手与承痕体接触后，承痕体表面未产生明显塑性变形的手迹。
2. 立体手印：手与承痕体接触后，承痕体表面呈现显著塑性变形的手迹。

平面手印

立体手印

（二）按承痕体介质的变化

1. 加层手印：手与承痕体接触后，手上携带的物质残留在承痕体表层形成的手印。
2. 减层手印：手与承痕体接触后，承痕体表层的物质被手带走而形成的手印。

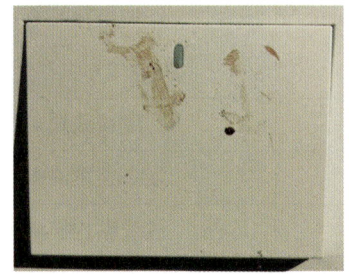
血液加层手印

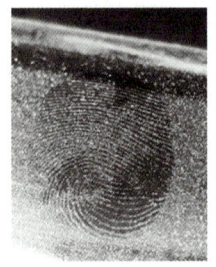
灰尘减层手印

(三)按手印形成的色调
1. 有色手印:手与承痕体接触后,在承痕体表面形成有颜色的可见手印。
2. 无色手印:手与承痕体接触后,手上无色分泌物(汗液等)在承痕体表面形成的隐形不可见手印。

有色手印

无色手印

(四)按手印形成的质量
1. 清晰手印:手与承痕体接触后,形成的手印纹线清晰。
2. 残缺手印:手与承痕体接触后,形成的手印纹线不完整,接触面缺损。
3. 模糊手印:手与承痕体接触后,形成的手印纹线不清晰。
4. 重叠手印:手与承痕体接触后,形成的手印纹线有重复叠加。

清晰

残缺

模糊

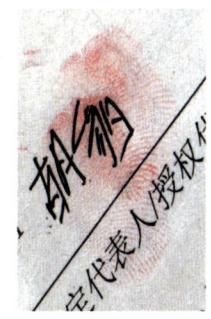
重叠

(五)按手印形成的物质成分
1. 汗液手印:手与承痕体接触后,以汗液为介质形成的手印。
2. 油质手印:手与承痕体接触后,以油质为介质形成的手印。
3. 油墨手印:手与承痕体接触后,以油墨为介质形成的手印。
4. 灰尘手印:手与承痕体接触后,以灰尘为介质形成的手印。
5. 血质手印:手与承痕体接触后,以血液为介质形成的手印。

手印鉴定技术

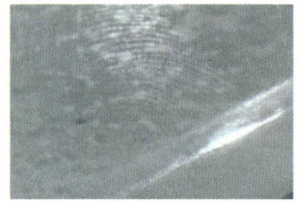   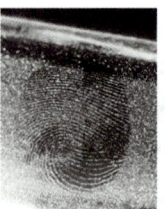 

汗液手印　　　　油质手印　　　油墨手印　　　灰尘手印　　　血质手印

【拓展知识】

项目二　手印的性状分析

任务1　手印的状态分析

【建议学时】0.5学时。

【任务要求】结合手印鉴定技术规范，认真完成对手印的初步检验，明确手印的形成方式，准确判断遗留部位，客观分析形成质量；根据两枚或多枚指印所反映出的特点，分析确定是否一次性捺印形成。具体流程如下：

序号	工作步骤	要求	时间分配	备注
步骤1	间接复制指印	选用适当的检验方法，按照相关要求，分析检材指印是否符合打印、复印、制版印刷、制章盖印、制模盖印等方式复制形成的特点	15 min	
步骤2	直接捺印指印	选用适当的检验方法，分析检材指印是否符合手指直接捺印形成的特点	15 min	
步骤3	连续捺印指印	对于有多枚检材指印的，比较相互之间的指印尺寸、边缘轮廓形态、墨迹浓淡变化及指印特征表现等的一致性程度，分析是否出自同一指印母本	15 min	

表2-2

【任务背景】

观察打印（激光打印、喷墨打印）、复印、制章盖印、制模盖印、捺印、连续捺印等方式形成的文件上可见指印的特点。

【任务资料】

序号	相关技术规范
1	GB/T 37232-2018 印刷文件鉴定技术规范
2	GB/T 37238-2018 篡改（污损）文件鉴定技术规范
3	GB/T 37231-2018 印章印文鉴定技术规范
4	GB/T 37235-2018 文件材料鉴定技术规范
5	SF/T 0142—2023 文件上可见指印鉴定技术规范
6	SF/T 0141—2023 文件上可见指印一次性捺印鉴定技术规范
7	SF/T 0102—2021 文件上可见指印形成过程鉴定技术规范

表2-3

【任务内容】

1. 分析检材指印是否符合打印、复印、制版印刷、制章盖印、制模盖印等方式复制形成的特点。检验内容包括但不限于：

概貌图

显微图

分析内容	描述
检材指印的墨迹色泽	经显微镜放大观察：整体呈较浓的红色，间断分布少量黄色、青色、洋红色
检材指印的纹线质量	乳突纹线粘连模糊，质量较差
检材指印的墨迹分布	墨迹整体较浓，左下角稍浅，边界轮廓较模糊，左上角有积墨、无漏白现象
检材指印处的异常痕迹	显微观察指印图形中有平行分布线条
检材上其他部位的印刷痕迹	黑色字迹由黄色、青色、洋红色、黑色组成
其他特点	纸张表面布满肉眼不易分辨的黄色激光打印暗记墨点

表 2-4

2. 选用适当的检验方法，分析检材指印是否符合手指直接捺印形成的特点。检验内容包括但不限于：

概貌图

分析内容	描述
检材指印的墨迹色泽	整体呈较浅淡的红色
检材指印的墨迹分布	墨迹整体稍浅淡,边界轮廓清晰完整,无积墨、漏白现象
检材指印的纹线细节特征表现	9类细节特征清晰
检材指印的三级特征表现	汗孔、细点线、纹线边沿形态完整清晰
检材指印的脊线凹凸反映的表现	红色纹线为乳突纹线,无明显粘连模糊,反映清晰
其他特点	中心花纹为右旋螺形斗型纹

表 2-5

3. 对于有多枚检材指印的材料,分析多枚检材指印是否由同一人同一指一次蘸墨连贯捺印形成:

概貌图 1

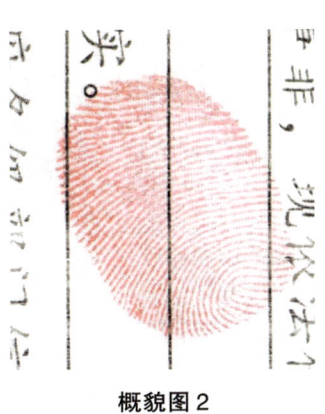

概貌图 2

分析内容	描述
比较相互之间的指印尺寸的一致性程度	概貌图1下部留痕面积略大于概貌图2
比较相互之间的边缘轮廓形态的一致性程度	概貌图1上部印油浓淡分布边缘形态与概貌图2边缘轮廓形态一致
比较相互之间的墨迹浓淡变化的一致性程度	相同部位墨迹量呈递减的规律性变化
比较相互之间指印特征表现的一致性程度	总体浓淡分布一致、留印部位一致、边缘轮廓一致,印面特征的位置和形态一致
其他特点	留痕方向角度一致

表 2-6

任务2 检材指印鉴定条件的分析

【建议学时】0.5学时。

【任务要求】通过手印的深入检验,结合种属特征,分析确定指印细节特征,从种

属特征到细节特征逐步分析,逐步呈现同一认定传统模式,完成指印鉴定。具体流程如下:

序号	工作步骤	要求	时间分配	备注
1	完整程度	完整程度主要指纹线系统和三角的完整程度	2min	
2	留印部位	指尖、指头侧面、正面或其他位置	2.5min	
3	指尖方向	正确区分指尖方向,上下左右、左上左下右上右下	2min	
4	变形情况	通过纹线弧度流向,确定变形部位、程度大小	1min	
5	纹线清晰程度	指印色料是否均匀,有无粘连、模糊的情况	1min	
6	特征反映情况	纹型、纹线流向、屈肌褶纹和皱纹等的一般类型;"九类"纹线细节特征,三级特征、积墨特征、漏白特征、边缘特征等	10min	
7	区分乳突纹线与犁沟线	确定红色线条是乳突纹线还是犁沟线	2min	

表2-7

【任务背景】某法院在审理一起经济纠纷案件时,原告单某与被告于某,就原告提交法庭的《协议书》的真伪产生争议。

【任务资料】详见电子附件。

【任务内容】分析检材指印鉴定条件,并填写下表。

模块二 手印分析

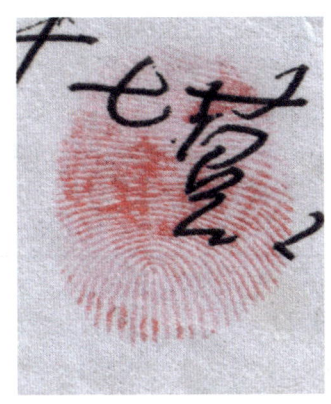

检材概貌图

分析内容	描述
分析检材指印的完整程度	
分析指印的留印部位	
分析判断指尖方向	
观察分析指印是否变形	
观察分析指印纹线是否清晰	
分析指印特征反映是否充分	
区分乳突线与犁沟线	
其他特点	

表 2-8

任务 3　样本指印比对条件的分析

【建议学时】0.5 学时。

【任务要求】选择合适的检验方法，对样本指印比对条件进行分析。具体流程如下：

序号	工作步骤	要求	时间分配	备注
1	是否存在缺指、多指等	确定被捺印人手指的完整状态	1min	
2	留印部位相对于检材指印是否全面	样本指印捺印部位能与检材指印有对应的留痕部位	1min	
3	纹线清晰程度	指印色料是否均匀，有无粘连、模糊的情况	1min	
4	纹线变形情况	通过纹线弧度流向，确定变形部位，程度大小	1min	

续表

序号	工作步骤	要求	时间分配	备注
5	特征反映情况	纹型、纹线流向、屈肌褶纹和皱纹等的一般类型；"九类"纹线细节特征，三级特征、积墨特征、漏白特征、边缘特征等	5min	

表 2-9

【任务背景】（同本项目任务 2）。

【任务资料】 详见电子附件。

【任务内容】 分析样本指印比对条件，并填写下表。

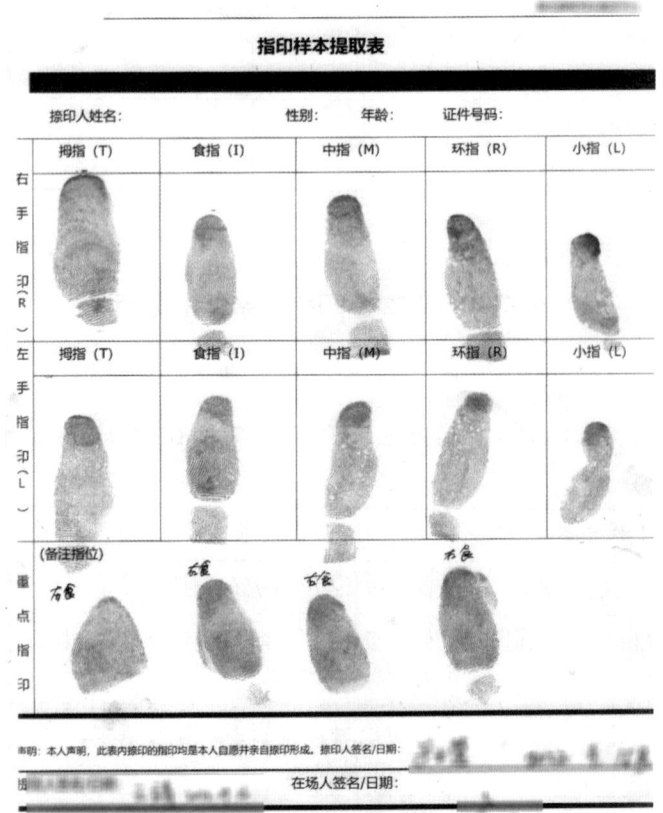

样本概貌图

分析内容	描述
分析是否存在缺指、多指等	
分析留印部位相对于检材指印是否全面	
分析纹线清晰程度	
分析纹线变形情况	
分析特征反映是否充分	
其他特点	

表 2-10

项目三　可见指印的特征分析

文件上可见指印特征根据形成原理可分为皮纹特征和印面特征，每种特征又可进一步细分，下图给出了根据形成原理划分的文件上可见指印特征的种类。根据特征历时稳定性可分为永久性特征、阶段性特征、一次性特征，根据特征价值可分为一般特征和个别特征。

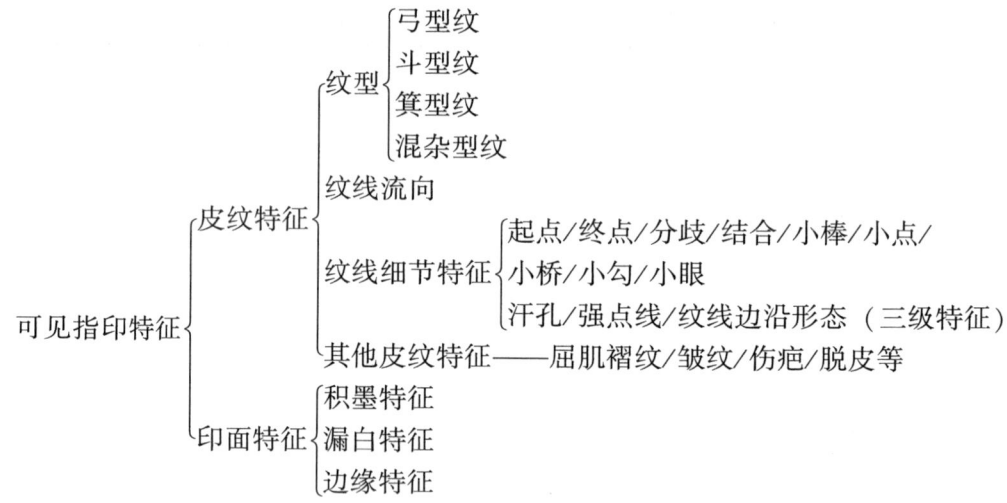

任务1　皮纹特征分析

【建议学时】2.5 学时。

【任务要求】系统掌握指纹的单一形态和组合形态，准确识别指纹类型，辨识指节纹和掌纹，熟练掌握乳突花纹细节特征和其他皮纹特征，精准辨识手印的遗留部位和手别。

步骤一：识别纹线的基本形态。

1. 弓形线：纹线从一方流向另一方，中间弯曲形成弓状的纹线。

　　概貌图　　　　　　　　　　　　弓形线纹线示意图

2. 弧形线：纹线从一方流向另一方，中间弯曲形成圆弧状的纹线。

概貌图

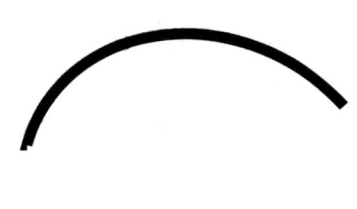
弧形线纹线示意图

3. 箕形线：纹线从一方流向另一方，转向后折返原方向，形成簸箕形态的纹线。箕形线分为箕头、箕枝、箕口三个部分，其弯曲的部位为箕头，起止端为箕口，箕头以下延伸至箕口处的两线段为箕枝。箕口的形状存在开口与闭口之分。

概貌图

开口箕形线纹线示意图

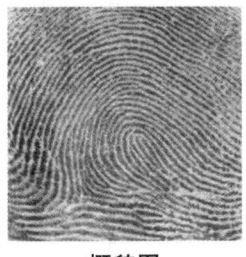
概貌图

闭口箕形线纹线示意图

4. 环形线：纹线呈闭合圆环状的纹线，分正圆、椭圆、方圆。

概貌图

环形线纹线示意图

5. 螺形线：纹线的一端绕自身转动一周以上形成螺旋形态的纹线，分为顺时针方向转动和逆时针方向转动。顺时针方向转动的螺形线也称左旋螺形线，逆时针方向转动的螺形线也称右旋螺形线。

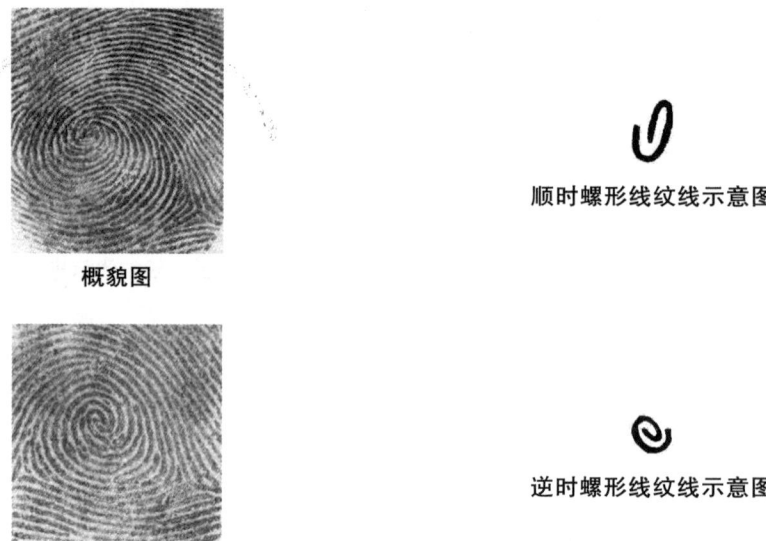

6. 曲形线：首尾以反向弯曲呈"Z"形或"S"形后再朝同方向扭转的纹线，分顺时针与逆时针两种转向。顺时针旋转的曲形线称作左旋曲形线，逆时针旋转的曲形线称为右旋曲形线。

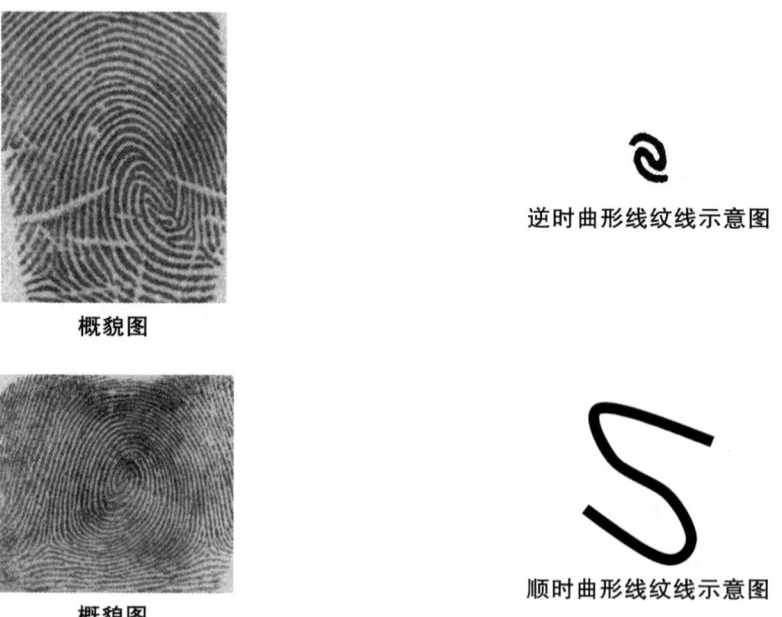

7. 波浪线：纹线从一方流向另一方，呈起伏的波浪状纹线。

概貌图

波浪线纹线示意图

8. 直形线：呈棒状或近似直线的纹线。

概貌图

直形线纹线示意图

步骤二：识别纹线的组合形态。

1. 纹线系统：形态和方向基本一致，在特定位置上排列分布的一组乳突纹线，包括内部系统、外围系统、根基系统。

（1）内部系统：亦称中心花纹，指处在整个花纹的核心区域，主要以箕形线、环形线、螺形线或曲形线等纹线结合若干弧形线组合或单独形成的纹线组。

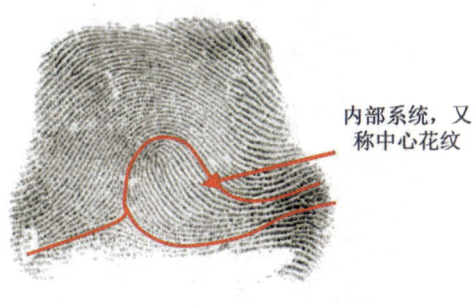

概貌图

（2）外围系统：指从上方及两侧环绕中心系统的纹线群，主体由弓形线构成。

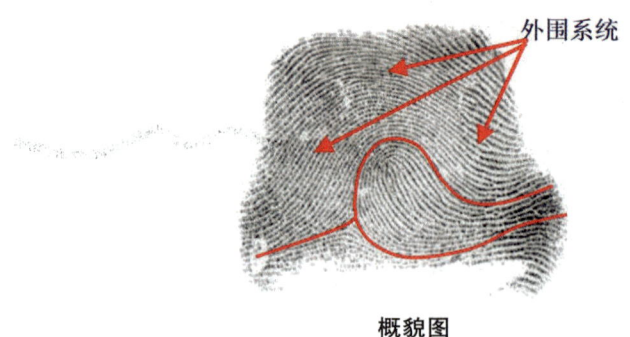

概貌图

(3) 根基系统：指位于中心花纹及两侧外围系统下方，且水平排列的纹线组，通常由波浪线和横直线组成。

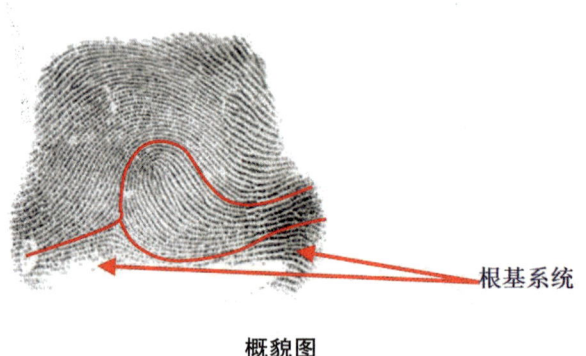

概貌图

2. 指纹三角：三个系统的纹线在同一处汇聚，形成近似三角形态的纹线构造，涵盖上部支流、下部支流和内部支流。

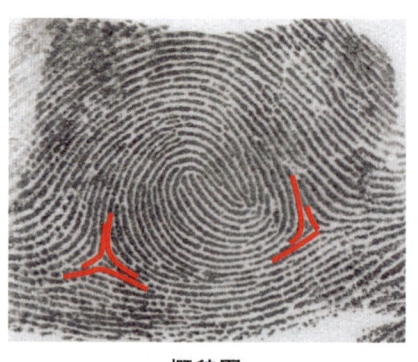

概貌图

步骤三：识别纹型。

1. 弓型纹：纹线从指纹的一侧延伸至另一侧而无折返，上部主要由弓形线构成，下部主要由直线和波浪线、弧形线上下层叠组成。依据其内部形态差异，可分为弧形纹和帐形纹。

（1）弧形纹：上部由较多弧度较小的弓形线相叠加，下部由较少的横向纹线相组合构成的花纹形态。

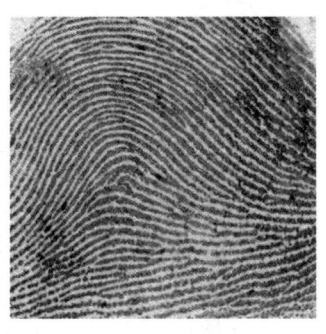 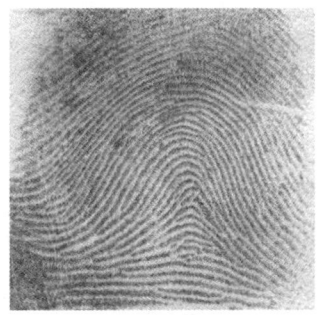

左倾弧形纹　　　　　　　　　　　　右倾弧形纹

（2）帐形纹：上部由较多的顶部弧度显著的弓形线叠加堆积，下部则由较为稀疏的横向纹线构成，花纹核心区域有 1 根以上的垂直或倾斜线条承托着弓形线，类似帐篷状的花纹结构。

 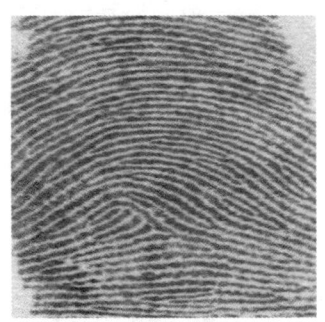

左倾帐形纹　　　　　　　　　　　　右倾帐形纹

2. 箕型纹：中心存在 1 条及以上的箕形线，上部及两侧由弓形线环绕，底部由若干波浪线、平弧线或直形线组成根基系统的纹型。依据箕口的开闭可划分为开口箕、闭口箕，依照箕口的朝向可分为左箕、右箕。

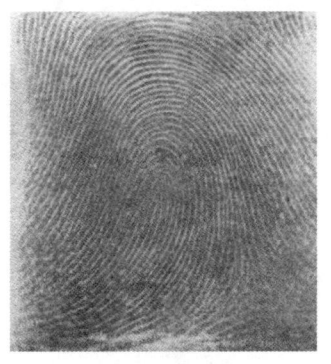 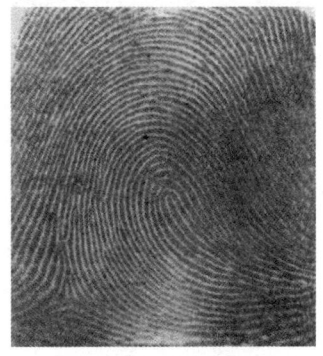

左箕（闭口箕）　　　　　　　　　　右箕（开口箕）

需要注意的是，当花纹中心仅存在一条箕形线时：①该箕形线须保持完好、光滑、不折不断；②其箕头及邻近三角的箕枝部位不可与源自外角、延伸至外围或径直引入三角的纹线相触碰或相连，否则应归为弓型纹。

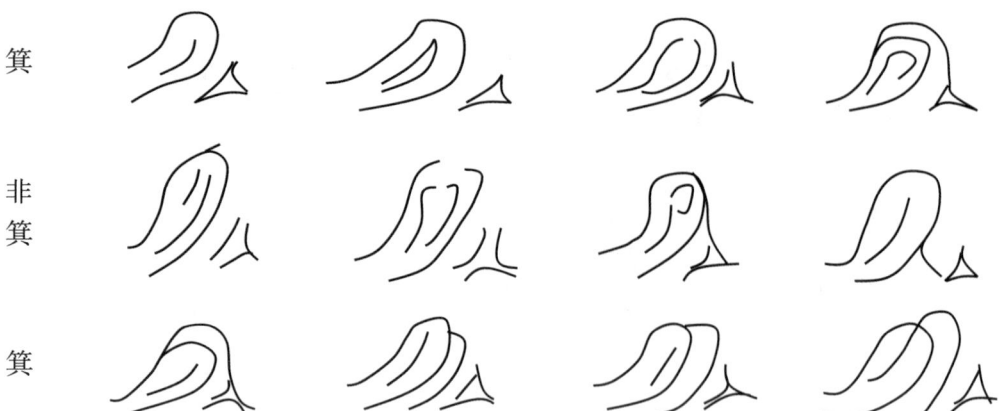

3. 斗型纹：花纹中心由 1 条以上的环形线或螺形线或曲形线或 2 条以上箕形线相叠压，上部和两侧由弓形线环绕，下部由波形线、平弧线和横直线组成根基结构的一类花纹。斗型纹依据花纹内部中心纹线差异，可分为环形斗、螺形斗、绞形斗、曲形斗、双箕斗和囊形斗。

（1）环形斗：花纹中心由 1 根以上的环形线相套合组成的斗型纹。当其中心仅有 1 条环形线时，要求其必须是清晰可靠的、单独存在的、圆滑的。如果其外壁有若即若离的螺形线时，应归入螺形斗。

环形斗

逆时螺形斗

（2）螺形斗：中心乳突纹线由 1 条或 1 条以上起点方向相同的螺形线盘绕构成的斗型纹。

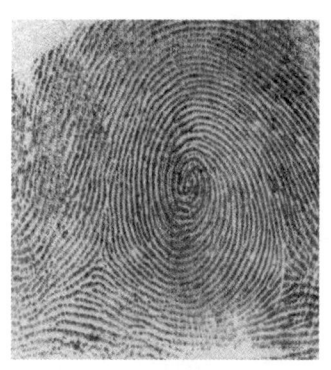

顺时螺形斗

（3）绞形斗：中心乳突纹线由 2 条或 2 条以上起点方向相反的螺形线盘绕构成的斗型纹。

顺时绞形斗

（4）曲形斗：中心乳突花纹仅有 1 条完好、独立的曲形线组成的斗型纹。

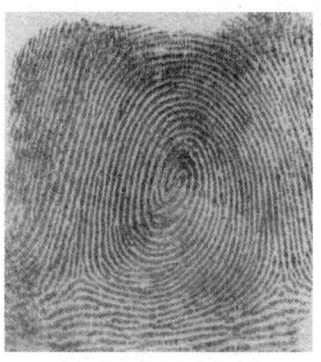

顺时曲形斗

（5）双箕斗：花纹中心具备 2 条以上自主、光滑的曲形线相互叠合，或在 1 条曲形线的 2 个假箕头中各存在 1 条以上完整的箕形线，最后沿曲形线环绕构成的斗型纹。

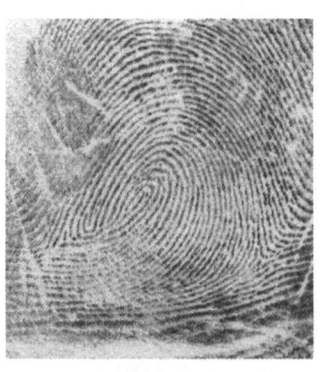

顺时双箕斗

（6）囊形斗：花纹中心具有 1 根以上的闭口箕形纹线，其核心腔内有 1 根以上朝向箕口，且不与导向箕口的纹线相连接的弧形线所组成的类似囊状或棒槌状的花纹。

囊形斗

4. 混杂型纹：内部系统由 2 种以上的纹型相混合构成，或是某些形态奇特、结构凌乱而无法归类于弓型纹、箕型纹、斗型纹，上部和两侧由外围系统包绕，下部是根基系统的一类纹型。

箕帐混合

箕斗混合

双箕并列

模块二　手印分析

杂形纹　　　　　　　　　　　　　畸特形纹

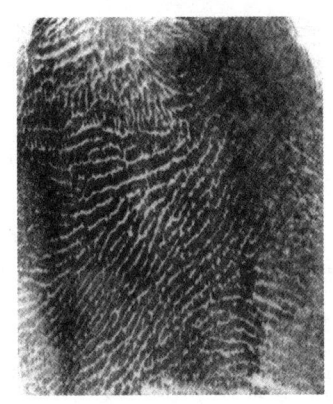 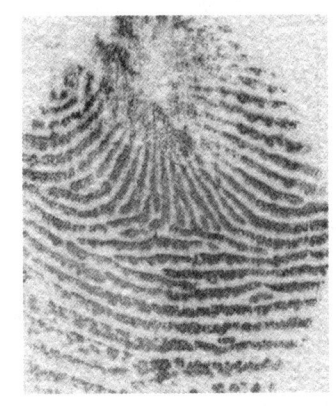

无形纹　　　　　　　　　　　　　无形纹

步骤四：辨识指节纹和掌纹。

1. 指节纹是手指第二、第三节部位的乳突花纹，简称指节纹。其特征表现为：

（1）纹线较为纤细，纹路宽度较大、间距宽、分布稀疏。

（2）纹线形态单一化，主要由直线、弧状纹、波状纹构成，纹线长度较短，边缘较为毛糙且间断线条、转折线条较常见。

（3）花纹构造简单，箕状纹、螺旋纹罕见，通常无法形成弓型纹、箕型纹、斗型纹。

根据指节纹线的整体形态，可将指节纹划分为平弧型、倾斜型与混合型三种基本类型。

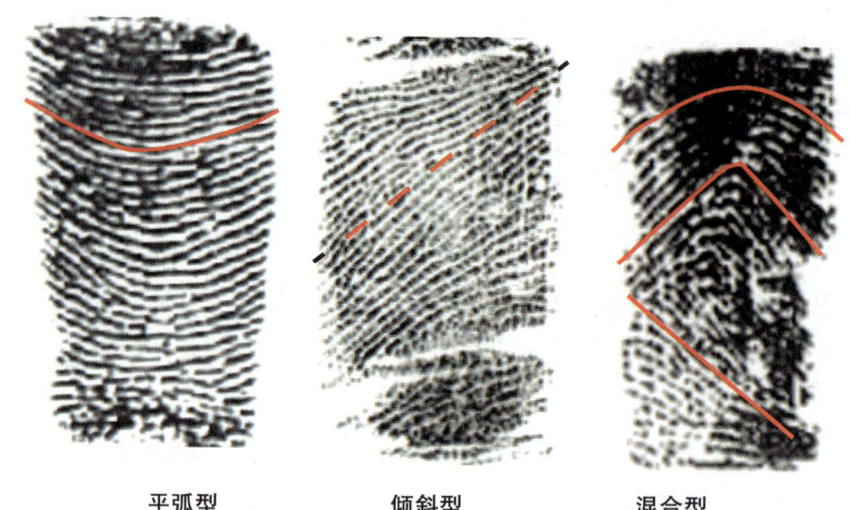

平弧型　　　　　倾斜型　　　　　混合型

2. 手掌纹：掌纹具备面积大、纹线延伸长、构造繁复且随区域差异变动显著等特征。

（1）纹线较粗且长。手掌面乳突纹线较手指、指节乳突纹线稍粗，直线延伸距离较远。

（2）纹线间距较宽。手掌面乳突纹线间距比手指、指节乳突纹线略宽，纹线密度较低，多在每厘米 15~16 条左右。

（3）纹线面积大。手掌纹分布面积大，手掌面各区域花纹形态具有特定特征。

（4）花纹形态各具特点。各区域花纹形态差异显著，其构造各有差异，但纹线及花纹走向规律性明显。

（5）花纹构造不严谨。手掌出现的弓型纹、箕型纹、斗型纹缺乏完整的外部结构、内部系统和根基系统。

指根区

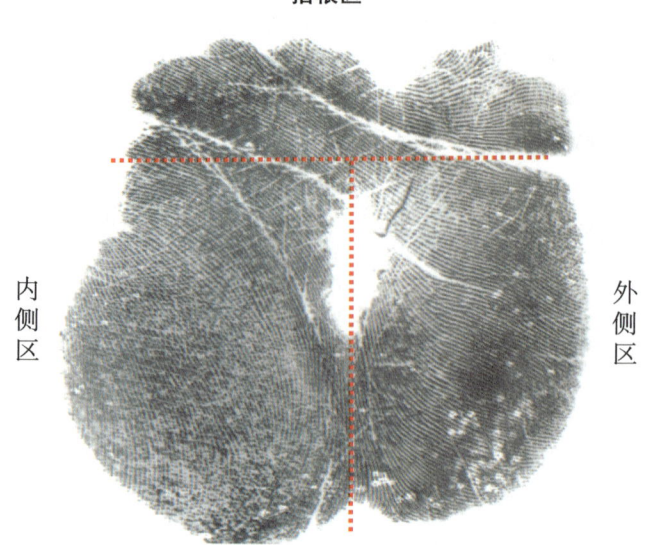

内侧区　　　　　外侧区

3. 区别指节与手掌印迹。指节面积小、纹线细，掌印面积大、纹线粗。在常规情形下容易辨别，但偶现残留手部印记范围较小、不完整，部分存在模糊与变形，容易误判，须细致甄别。

（1）依据手印痕迹留存状态与形成条件进行研判。通过痕迹遗留方位、朝向、与其他物证间关联以及载体与环境关系，解析遗留时的具体动作模式以辨别指节与掌部痕迹。

（2）基于痕迹范围与形态特征进行解析。指节印普遍较小，掌印范围较大且边缘欠规整；指节印多呈方形或矩形。掌印形态多变，表现为长条状、椭圆状、柱状或不规则块状痕迹。

（3）通过乳突纹线形态解析。综合考量指节印与掌印在乳突纹线结构、弯曲度、纹路粗细及细节特征的分布率等要素进行综合判别。

（4）借助屈肌褶纹与手部皱纹解析。指节印屈肌褶纹短窄，罕有分叉，多平行分布，常伴随细直皱纹，呈平直或微斜状，偶含小弧度曲线，长度等同指节宽度。掌印屈肌褶纹宽长，多分叉且呈斜向分布。

（5）通过皱纹形态构造解析。指节印皱纹细密短促，横向皱纹略短于指宽，纵向皱褶与指节等长，多呈网格状；掌印皱纹粗大且长，分布范围广，内侧网状皱褶，外侧短小平行皱褶，上部皱褶长短参差形态不规则。

步骤五：识别乳突纹线细节特征。

1. "九类"细节特征：指乳突纹线局部微观结构与具体形态。其种类、形态、大小、方向、角度、构成数目、组成形式以及分布关联等，是形成指纹个体差异的本质要素，是身份鉴别的关键依据。

特征名称	特征形态
起点	纹线的始端，横线的左端，竖线的上端，旋转纹线的顺时针始端。起点有形状、大小、方向的区别。
终点	纹线的末端，横线的右端，竖线的下端，旋转纹线的顺时针末端。终点有形状、大小、方向的区别。
分歧	1条纹线分成2条或2条以上纹线的分叉部位。纹线向右、向下、顺时针方向分叉。分歧有构成线数、形状、方向和角度的区别。
结合	2条或2条以上的纹线汇结为1条纹线的相交部位。纹线向左、向上、逆时针方向分叉。结合有构成线条、形状、方向和角度的区别。
小勾	1条纹线上分出另一个长度不超过3mm的短线所构成的钩状纹线。小勾有长度、方向、角度、形状的区别。
小眼	1条纹线分成2条纹线后又汇聚成1条纹线所构成的最大直径不超过3mm的眼状特征。小眼有长短、宽窄、形状的区别。
小棒	长度在1mm~3mm之间，独立存在的棒状短线。小棒有长短、形状和粗细的区别。
小桥	连接相邻2条纹线的长度不超过3mm的短线所构成的桥状特征。小桥有长短、方向和角度的区别。

续表

特征名称	特征形态
小点	长度不超过 1mm 的，独立存在的点状纹线。小点有形状、大小的区别。

表 2-11

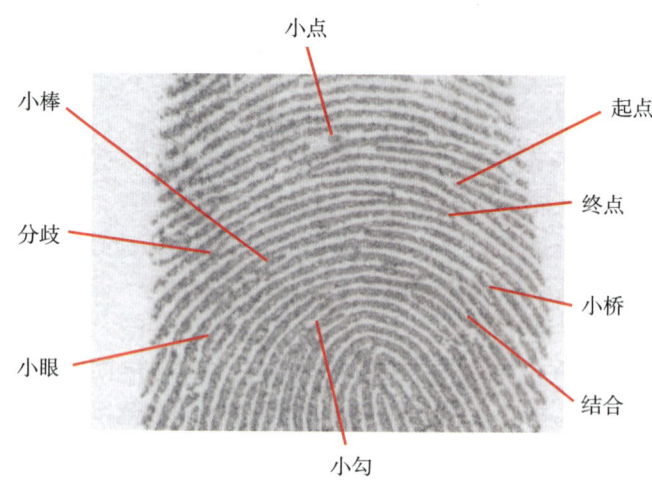

九类细节特征标示图

2. 三级特征。

（1）汗孔：汗腺排泄汗液的出口。

概貌图　　　　　　　　　　　　汗孔放大图

（2）细点线：出现在犁沟线中连续分布的一种凸起的细点状的乳突纹线结构。

概貌图

细点线放大图

（3）纹线边沿形态：纹线的隆突、凹陷、弯折、交叉、串联等形态。

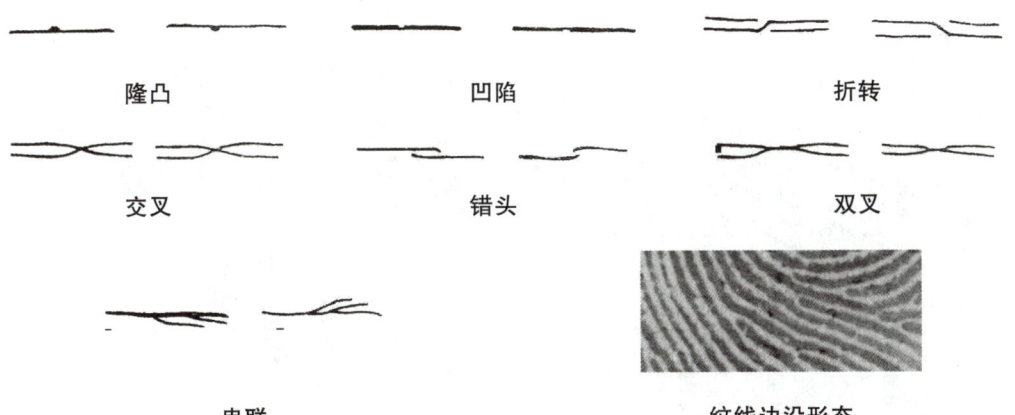

步骤六：识别手别和手位。

1. 分析确定左右手手印。

（1）根据手印在遗留物体的位置，对留有手印物体与周围物体的位置关系进行判断，推测形成这种手印的动作，从而判断是何手所留。

左手持刀，刀右侧面留有拇指向下印痕

右手持刀，刀左侧面留有拇指向下印痕

| 手印鉴定技术

　　　左手抓握　　　　　　右手抓握

 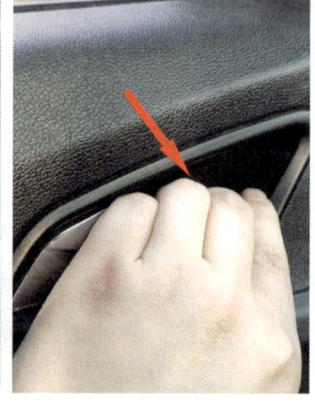 

　左侧驾驶室手扣　　左手开门指尖朝向前下方　　右手开门指尖朝向后下方

（2）根据手印的排列位置关系判断，包括高低关系、次序关系、对应关系，可以判断是何手所留。

  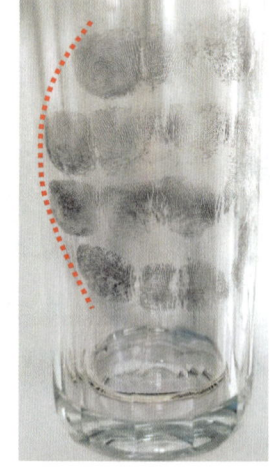

左手印痕

右手印痕

（3）根据指头乳突花纹的流向、箕口朝向、细节特征数量及指尖的倾斜方向分析拇指指尖。

  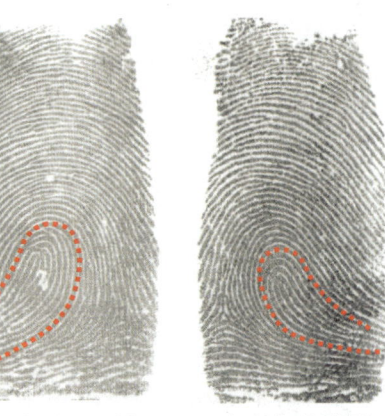

多为左手所留　　**多为右手所留**　　**多为左手所留**　　**多为右手所留**

（4）根据手掌的花纹形态进行分析。

左手所留　　　　　　**右手所留**

2. 分析确定各手指手印。

（1）根据各指面积形状及纹线结构分析。

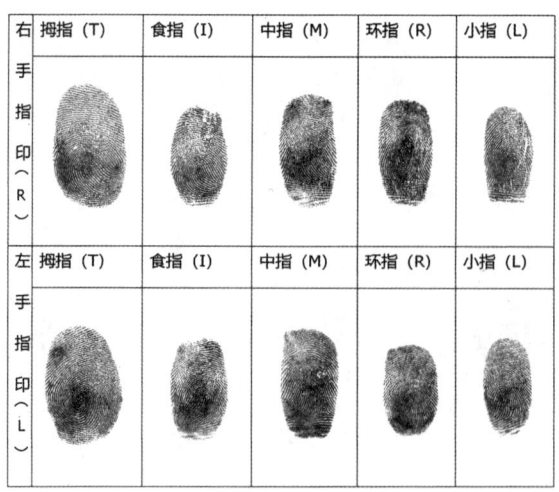

①拇指印迹面积较大，纹路较为粗大。
②食指印迹较拇指小呈上尖下长圆。
③中指印迹花纹面积亦较拇指小，纹线较细印痕相对完整。
④环指印迹通常略小于中指，形态与中指相近。
⑤小指印迹面积最小，纹线细密呈长条状。

（2）依据各指纹型分布规律分析。

①拇指斗型纹发生率在50%以上，其中环螺斗占比较高，双箕斗和曲形斗较少；箕型纹出现频率居次，正箕居多；弓型纹稀少，如出现弓型纹则多为弧形纹，罕有帐形纹。

②食指多对称分布同类纹型，斗型纹出现比例超50%；箕型纹位列第二，反箕数量为五指之冠；弓型纹最少见。

③中指箕型纹占比约55%，绝大多数为正箕；斗型纹次之；弓型纹最罕见。

④环指斗型纹占70%，环螺斗特征显著；箕型纹占比约30%；弓型纹较稀有。

⑤小指箕型纹超60%，斗型纹次之，弓型纹较罕见。

3. 辨析确定手印具体部位。

（1）依据指头不同区域印记特征判别残缺指印可能由指头中心区、指尖部、外围系统两侧区域、根基部单独或组合形成。

①中心区域印记。此类印记多为指头中心花纹最凸出部位正面接触形成，多呈圆形，可能呈现完整中心花纹，亦可能仅显示局部花纹特征。

②指尖部位的印痕。指尖部位的印痕是指头根基部位跷起而只有指尖部位接触物体所留下的痕迹,外形多呈扇形,上宽圆、下窄平。

③两侧部位的印痕。两侧部位的印痕是手指某一侧面所留下的印痕,其外形多呈长条形。

左侧所留　　　　　　　　右侧所留

④根基部位的印痕。根基部位的印痕外形多呈横条状。此痕迹很少单独出现,常伴随关节部位的第一组屈肌褶纹出现。

⑤三角部位的印痕。指印中往往只反映三角区域的部分纹线,但不一定反映完整的三角,外形常为不规则形。

(2) 根据指节印痕进行判断。单独指节印痕似短粗竹节形态，中段较窄首尾宽，纹线较粗犷，纹线不长，小点、棒线、弯折密集；纹线常呈斜直线性分布，或呈现曲线纹线与水平纹线、倾斜形纹线相交织的形态；存在诸多细微纵向褶皱；某侧或两端有皱褶，皱褶周边乳突纹线相对平直；若为弧状或曲折纹线，第二指节纹线多朝下弯曲，第三指节纹线多呈上翘形态，据此可辨别手位。

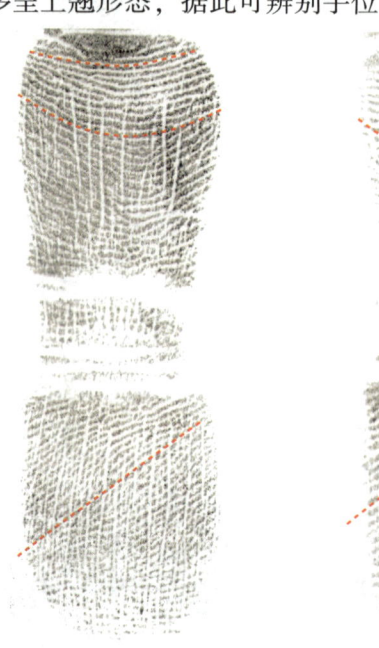

(3) 根据手掌不同部位的印迹进行判别。

①手掌指根区印迹。手掌指根区印迹形态呈横向条状，通常存在多个"三角"与纵向乳突纹路交替显现，邻近"三角"下端的纹线多倾向同侧（外下侧），痕迹下部多呈现横向、粗厚的屈肌褶纹（第一屈肌褶纹），伴有细碎凌乱的皱褶纹路。

左手指根区所留　　　　　　　　**右手指根区所留**

②手掌内侧区印痕。内侧区印痕外形呈梭形，一侧边缘（内斜边）较光滑，有多条流程较长的纵向大弧形线弧凸朝向掌心，有纵横交错呈网格状的皱纹，箕型纹的箕头上方常有阶梯线或对顶小箕。

左手内侧区所留　　　　　　　　**右手内侧区所留**

③手掌外侧区印痕。外侧区印痕外形呈长圆形，一侧（外侧）边缘较光滑，纹线从上至下呈扫帚形伸展，于中下部折向外侧横流，常伴有斜向（第二屈肌褶纹）或纵向屈肌褶纹（第三屈肌褶纹），一侧（外侧）边缘多见粗短横向的皱褶，偶尔呈现匙形的箕型纹，或横向的箕型纹，三角区多位于箕头周围。

左手外侧区所留　　　　　　　　**右手外侧区所留**

④手掌"虎口"区域印迹。"虎口"部位，指由拇指和食指间的指间区域与食指根部及手掌内侧区域的内上部分构成，在抓握棒状物体或物品边缘时易形成该部位

痕迹。

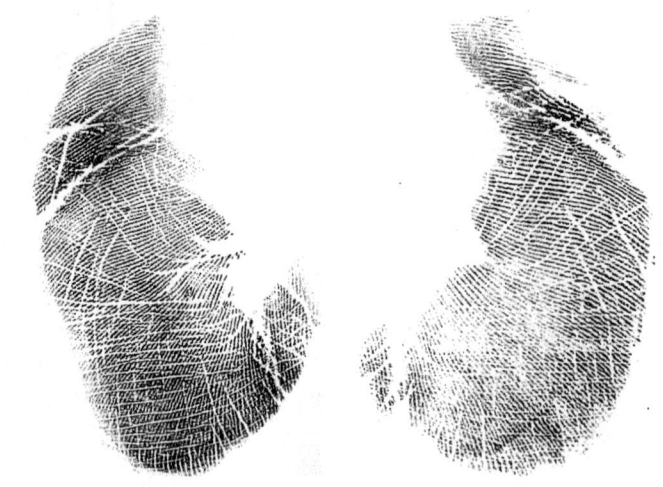

左手"虎口"所留　　　　　　　右手"虎口"所留

⑤手掌腕部印痕。腕部印痕的外形似蝶翅状,下端两个圆弧形边缘汇合处有尖形空白;有分别向两侧斜行的乳突纹线,但倾斜的程度互不相同;在向两侧斜行的纹线汇合之处,反映三角的纹线结构。

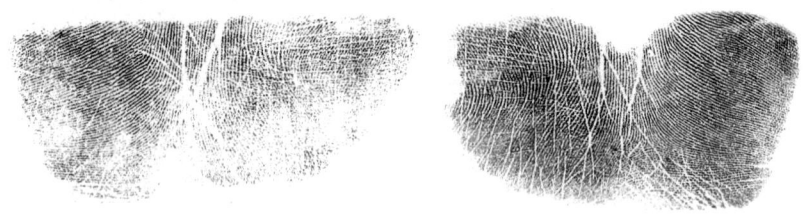

左手腕部所留　　　　　　　右手腕部所留

⑥手掌掌心印痕。掌心位于手掌中部,是指根区、内侧区和外侧区的接合部,常在握抱、支撑动作中遗留掌心印痕。

左手掌心所留　　　　　　　右手掌心所留

步骤七:识别其他皮纹特征。

1. 屈肌褶纹:手指关节及手掌一定部位上固有的粗大明显的条形沟纹。
2. 皱纹:手面皮肤收缩活动所形成的细小浅表的条形沟纹。
3. 伤疤:手指皮肤受到损害,导致皮肤的纤维细胞和结缔组织增生而形成的一种疤痕。

4. 脱皮：手指表皮组织受到病变、挤压或化学腐蚀的影响引起的皮肤局部表皮脱落。

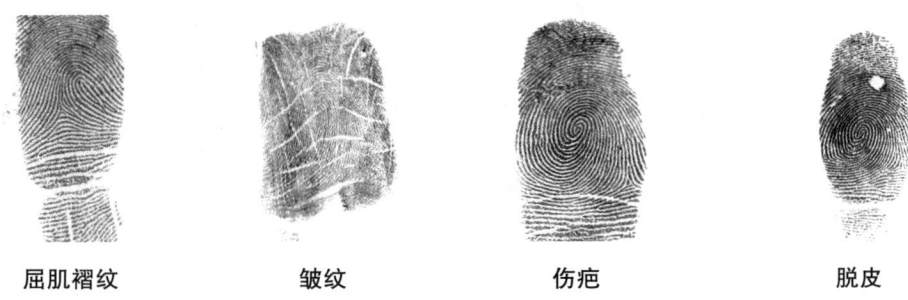

屈肌褶纹　　　皱纹　　　伤疤　　　脱皮

任务 2　印面特征分析

【建议学时】0.5 学时。

【任务要求】印面特征是手指蘸墨捺印过程中，手指表面的墨迹浓淡分布和墨迹区域边界在指印上的形象反映。主要包括了积墨特征、漏白特征和边缘特征等。印面特征是指印反映一次性捺印特有的特征。通过学习印面特征的检验分析，掌握指印一次性捺印鉴定的原理和依据、方法。

步骤：1. 分析确定待检指印。

2. 对待检指印进行分别检验。

3. 对待检指印进行比较检验。

（1）比较待检指印间的墨迹总体浓淡分布及留印部位。

（2）比较待检指印间印面特征的位置和形态。

（3）必要时，将待检指印重叠进行比较，检验和分析边缘特征、积墨特征和漏白特征在位置和形态方面的符合程度。

（4）必要时，制作样本指印，通过待检指印与样本指印的比较，区分印面特征和手指表面固有特征。

（5）必要时，按照"GB/T 37235—2018"的规定，进行待检指印墨迹的理化性质检验，分析是否为同种类色料形成。

（6）必要时，进行模拟实验，检验和分析需检指印上难以确定的一次性捺印相关特征。

（7）按照"SF/T 0142—2023"第 9 章的规定制作特征比对表，准确、充分地标识印面特征。

方法：1. 宏观检验：通过目测或借助放大镜，对 2 枚或多枚指印的墨迹总体浓淡分布、留印部位、边缘轮廓及明显的积墨特征、漏白特征等进行观察和分析。

2. 显微检验：通过显微镜等放大设备，对 2 枚或多枚指印中的细小的印面特征、纹线细节特征及其他痕迹等进行检验和分析。

3. 重叠检验：通过具备重叠比对功能的图像软件，对 2 枚或多枚指印的边缘轮廓等印面特征的重合情况进行观察和分析。

【任务背景】 某法院在审理一起合同纠纷案件中，原告刘某一与被告刘某二，就原告提交法庭的《××协议》的真伪产生争议。

【任务资料】 请扫描二维码下载电子附件。

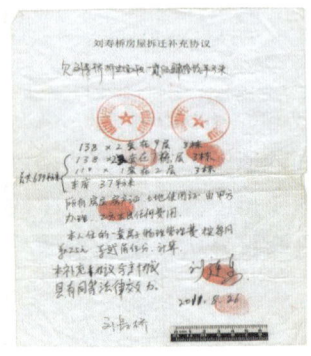
概貌图

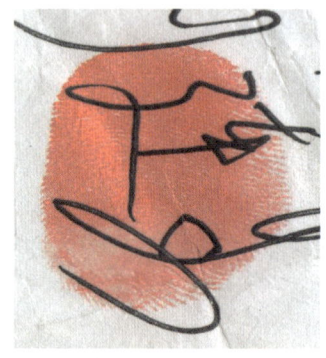
指印 1

指印 2

【任务内容】 判断指印 1 和指印 2 是否为同一手指连续捺印形成。

【拓展知识】

1.《SF/T 0142—2023 文件上可见指印鉴定技术规范》。

2.《SF/T 0141-2023 文件上可见指印一次性捺印鉴定技术规范》。

3. 《SF/T 0102-2021 文件上可见指印形成过程鉴定技术规范》。

4. 《GB/T 37232-2018 印刷文件鉴定技术规范》。

5. 《GB/T 37238-2018 篡改(污损)文件鉴定技术规范》。

6. 《GB/T 37231-2018 印章印文鉴定技术规范》。

7. 《GB/T 37235-2018 文件材料鉴定技术规范》。

告状切不可信，须是详细检验，务要从实。[1]

——【南宋】法医学家 宋慈

模块三

样本手印收取

1. 项目背景及任务：本章的教学重点是样本手印的收取方法及质量要求，要求学生充分认识样本手印收集的重要性。难点是在讲授尸体捺印样本手印的收取方法时，无法进行现场演示，再加上收集方法多而复杂，学生不易掌握和应用，如有条件，可多结合视频资料讲授。

2. 知识目标：了解捺印材料及器材的使用方法与捺印标准，熟知手印样本的采集原则与注意事项，掌握手印样本的采集方法，既包括活体捺印，也包含尸体捺印。

3. 能力目标：掌握手印样本收取流程，能够明确样本手印收取途径与要求，掌握样本手印收取的具体操作方法与技巧。

4. 素质目标：能够以客观公正的立场完成手印样本采集工作，树立不畏艰辛，态度严谨，坚持创新的敬业精神与职业素养。

5. 建议学时：4学时。

项目一 油墨捺印样本手印的收取

任务1 活体手印样本采集

【建议学时】3学时。

【任务要求】通过该活动，我们要清楚准确地掌握活体手印样本采集所要完成的工作及相关要求，并按照法定程序认真严谨地完成活体手印样本采集工作。具体流程如下：

---

[1] 释义：对于命案状子上的所言千万不要轻易相信，必须详细检验，务必眼见为实、注重证据。

序号	工作步骤	要求	时间分配	备注
步骤 1	采集前的准备	充分做好采集前准备工作,填写相关文件并记录	15 min	
步骤 2	采集的要求	了解手印采集的要求	30 min	
步骤 3	采集的方法	能够掌握各种手印采集的方法并完成任务要求	90 min	

表 3-1

【任务背景】××××法院在审理一起担保合同纠纷案件中,为查清案件事实,需要对《担保函》上的 2 枚指印真实性进行鉴定。鉴定要求:对《担保函》上落款"李强"字迹处指印以及内容"24 个月"处指印是否为李强本人捺印进行鉴定。如果你是检验人员,你该如何提取本案手印样本?

【任务资料】

担 保 函

本人愿意就被担保人山东古玩城求实实业有限公司与上海兴和电子商贸有限公司在 2013 年 9 月 18 日至 2016 年 9 月 18 日的 36 个月内发生的业务往来产生的应付兴和的全部款项付款义务承担连带保证责任。

担保期限为 24 个月,应付款项履行义务到期之日计算。

担保人(签字盖章):李强

二〇一三年八月十日

【任务内容】

步骤一:采集前的准备。

1. 准备好采集器材。

(1)指纹采集表格(如下表所示)。根据不同的案件需要,选择合适的指纹提取

手印鉴定技术

表格。

表 3-2　采集表格样式一

表 3-3　采集表格样式二

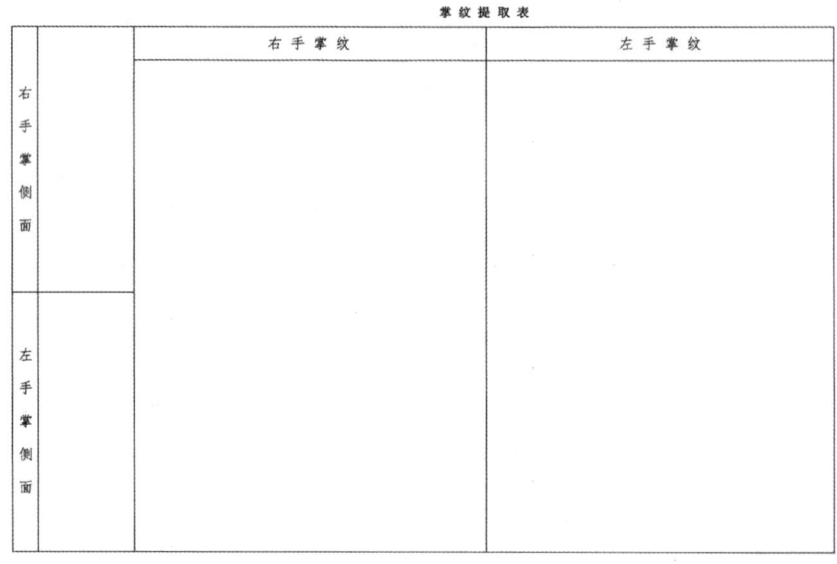

表 3-4　采集表格样式三

（2）油墨指掌纹捺印盒（如下图所示）。

油墨指掌纹捺印盒

（3）捺印桌。高度以被捺印人正面站立前臂平伸并平放在桌面上的高度为宜（通常为110cm）。

（4）工具准备。洗涤剂、毛巾、脸盆、指甲剪、润肤霜等。

2. 填写十指指纹信息和被捺印人的有关情况，表格各栏目要详细、准确填写，字迹端正。

3. 检查被捺印人双手，根据不同情况，采取相应方法处理。

（1）被捺印人的手指、手掌有污垢时，必须在捺印前用肥皂洗干净，擦干后再捺印。

（2）在夏天，对于易出汗（多汗）的被捺印人，还应做到逐指擦汗后逐指捺印。

（3）被捺印人的手面比较干燥、粗糙时，可用水洗净后，使用适量的甘油或润肤油滋润手掌面，使其柔软。

（4）对于手僵硬不灵活者可用热水浸泡后再捺印。

（5）特别要注意手用水洗后必须完全晾干或吹干后再捺印，否则会导致纹线扩散而模糊。

4. 放置好捺印纸和捺印盒。捺印纸需按照从上到下捺印顺序对横格线下边缘进行折叠，折好后平放在捺印桌上，捺印时折边与桌边缘平齐并压实，以防止移动和适宜捺印动作。可根据个人习惯动作将捺印盒置于捺印纸左侧或右侧的靠桌边缘处。

5. 令被鉴定人面向捺印桌，捺印人站在被捺印人的左前方（左利手者应站在右前方）。要求被捺印人关节放松，不要主动用力，以自然、舒服的姿势接受捺印，捺印人要控制手指或手掌不要任意移动，避免污染捺印纸。

捺印人与被捺印人的位置关系

步骤二：采集的要求。
1. 操作要求。

样本手印采集操作口诀

站位合适	操作顺
控制手指	防移动
一次成型	忌往复
用力均匀	速度缓
顺序按捺	勿错位
伤残缺指	需说明

表 3-5

2. 捺印质量要求。十指指纹信息表的采集质量，直接影响到鉴定意见的准确性，具有很重要的意义。采集的十指指纹质量需达到以下要求：

（1）捺印位置准确。捺印时要按指纹卡上的顺序依次进行，指纹、掌纹应在各自规定的框格内，无手别、指位颠倒和错位。遇有伤残指、畸形指的要注明，遇有骈指、叉指不能进行三面捺印时可改为平面捺印。

（2）捺印部位完整。三面捺印时，要将被捺印人的指头上自指尖部分下至第一屈肌褶纹，左右侧至指甲边缘部分的纹线全部捺印下来，即将指纹的内部系统、外围系统、根基系统和三角等都反映出来，要特别注意对指尖部位的捺印。手指纹平面捺印时，要捺印出手指的正面花纹，两侧至指头不滚动所能接触的部位，四指联捺部分要求上至指尖，下至第二屈肌褶纹以下，拇指单独捺在相应食指印旁边。手掌纹平面捺印时，要求各个指尖、指节、手掌的各个边缘和部位均要捺全，尤其掌心和指掌结合部的纹线要反映出来。

（3）纹线清晰、不变形。捺印样本乳突纹线与小犁沟应界线分明，中心、三角、内部、外围花纹及细节特征没有模糊现象，清晰可见，纹线无扭曲变形。特别是三面捺印时要求压力均匀适度，一次滚印完成，无挪动、停顿、倒退、重复和拧动等动作。捺印完成后起手时动作要利落，直上直下。

（4）油墨均匀、色调一致。捺印部位的各个部分油墨均匀，纹线局部与整体的色调要一致，避免指纹纹线深浅不一，模糊不清。捺印后的油墨无洇扩、褪色、变色现象。

3. 捺印数量要求。为避免事后发现不符合要求而进行重捺，对捺印数量提出要求，要求每次至少捺印 2 份样本，对当场发现不符合要求的手指进行重点部位多次捺印，以便判断样本本身有无变化，不影响正常工作。

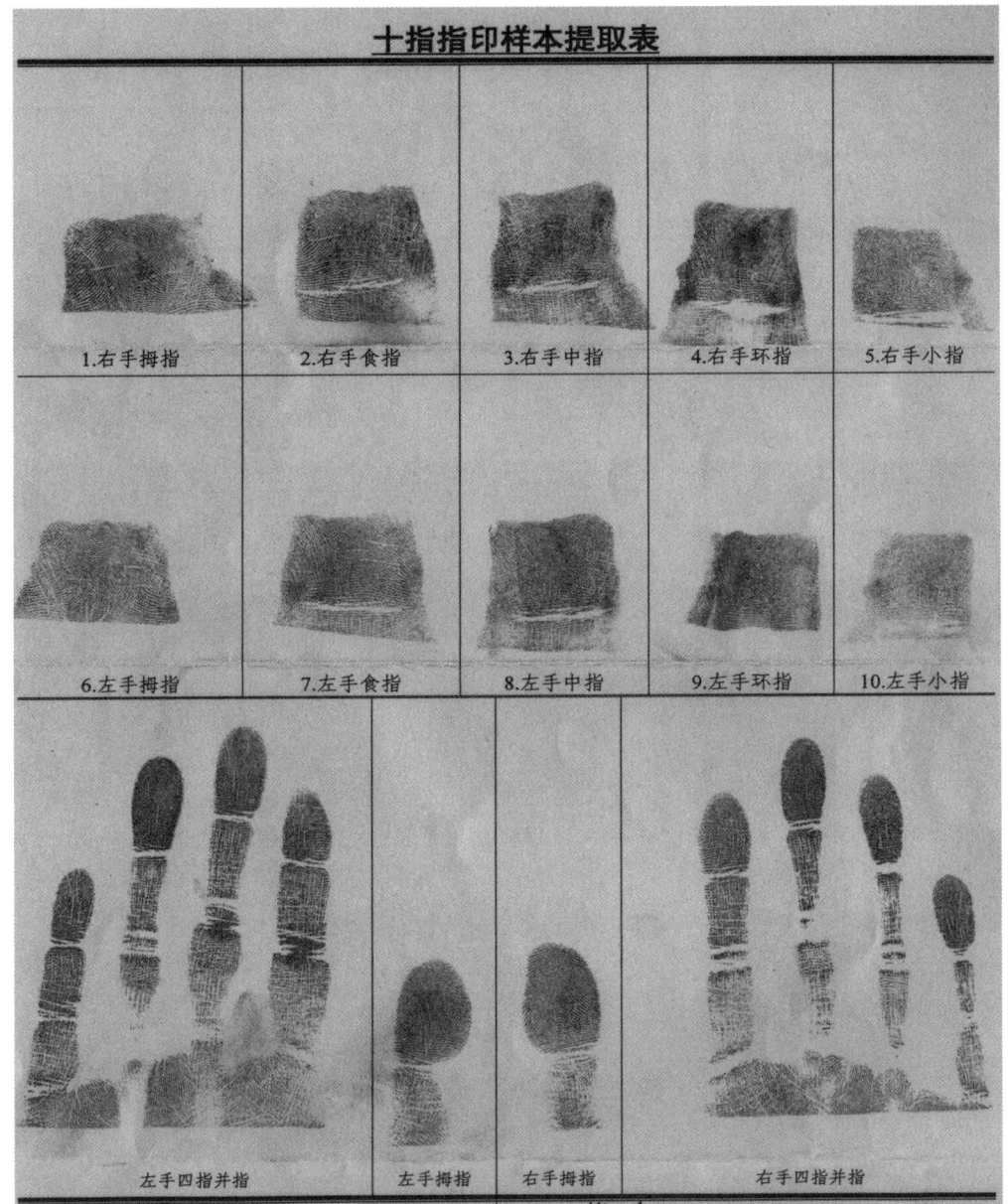

指印采集示意图

步骤三：采集的方法。样本指印的提取分为三面捺印、平面捺印和局部（重点部位）捺印三种。应根据检材指印情况，灵活选取与检材指印相适应的捺印方式。

油墨捺印法具体分为以下3种方式：

1. 三面捺印（又称滚动捺印）。三面捺印是将手指末节的中心部位和左右两侧到指甲边缘的纹线单向滚动或捺印，即手指纹线的内部系统、外围系统、根基系统、三角等全部乳突纹线的捺印。

三面捺印时被捺印人面向捺印桌站立，应按照先捺右手后捺左手，拇指、食指、中指、环指、小指的次序进行，避免颠倒换位。捺印人用右手拇指、食指两指捏住被捺印人手指第二指节的左右两侧，手掌覆盖在被捺印人的手背上，再用左手拇指、食指两手指轻轻按住被捺印人的手指尖端，以便控制整个手背和手指。要求上端靠近指尖部位，下至第一屈肌褶纹，自指甲的一侧边缘到另一侧边缘约180°范围。捺印人员用力要均匀，动作要平稳、连贯，滚动中不能出现时重时轻、停顿、重复、滑动、倒退等现象。捺印板上滚动过一轮指纹后，必须增加油墨，滚动均匀后再继续捺印。残缺或受伤的手指，能够捺印出的纹线，尽量捺印。

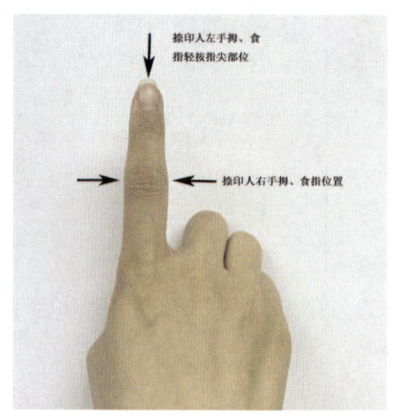

①三面捺印握法

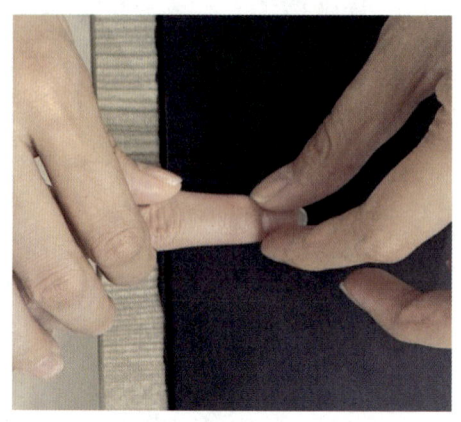

②三面捺印动作示范

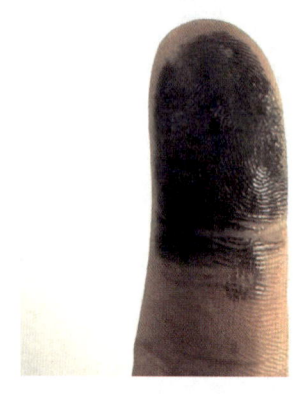

③指头三面滚沾油墨后效果

④指头三面捺印效果

三面采集步骤图例

2. 平面捺印。将手指或手掌垂直按压在提取卡片的方格内，只需捺印出指纹的正面花纹，作为三面捺印的补充，所以又叫平面检查捺印。可分为手指纹平面捺印和手掌纹平面捺印。

手指纹平面捺印是将左（右）手食指、中指、环指、小指四指并列印在一起进行一次捺印，捺印人用右手握住被捺印人手掌背两侧，使四个手指垂直接触油墨层，再用左手轻轻按压其四个指的指节和指甲部位，使手指的正面全部均匀黏附上油墨后，将四指同时垂直移压在指纹卡片上平面捺印的空格内，最后将拇指单独平面捺印在提取表拇指的空格内或食指旁边的对应区域内。

若被捺印人手指畸形，如叉指、骈指等不能进行三面捺印的，可用平面捺印代替。

 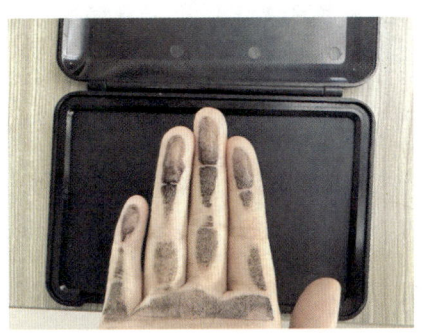

①右手四联指平面捺印动作示范　　　　　②右手四联指沾取油墨后效果

③右手四联指平面捺印效果　　　　　　④右手指纹平面捺印效果

平面捺印图例

手掌纹平面捺印，要求把指纹、指节纹和掌纹全部反映出来。捺取全手掌平面印痕样本时，全掌要均匀黏附油墨，可用油墨辊涂抹，也可在大的掌纹捺印板上接触黏附。捺印人的右手握住被捺印人手背腕部的两侧，让其五指自然伸直，用左手在其掌背对应掌心、指掌结合部位，给予一定压力，使掌面各部位接触到纸面上，以保证掌心、指掌结合部等部位均能捺完整、捺清楚。

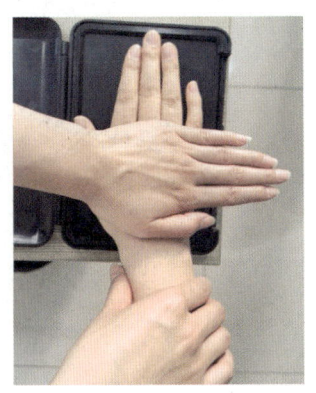 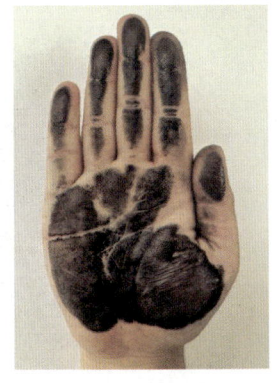 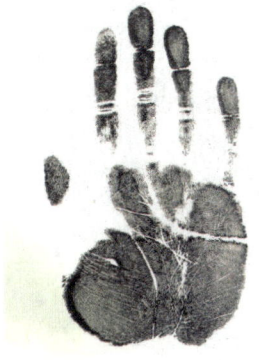

①全掌平面捺印动作示范　　②全掌沾取油墨后效果　　③全掌平面捺印效果

手掌平面捺印图例

3. 局部捺印（重点部位捺印）。局部捺印也称重点部位捺印，是根据现场检验工作的需要或检材遗留部位，对手指或手掌某一局部纹线的重点捺取。捺印时根据捺印部位，将被捺印人手指、手掌局部在捺印板上黏附油墨，然后在捺印纸上捺印。

①指尖局部捺印

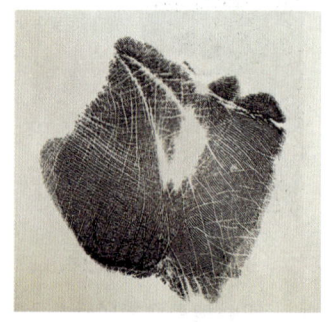
②右掌腕部局部捺印

指尖局部和掌纹局部图例

捺印中如发现个别指纹不符合要求或指节错位，须在指纹卡片补充捺印栏补印，并注明手指名称。如一张卡片中多数指纹捺印质量不符合要求，应当重新捺印。

①挪动捺印重叠双影 　　②油墨不均部分模糊 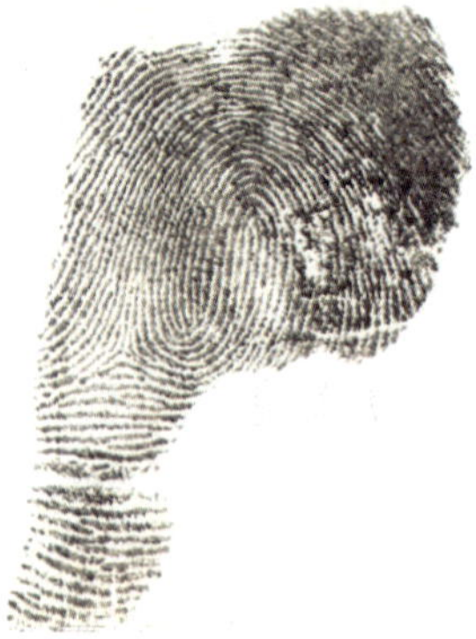　　③油墨不均部分不清

④油墨不均捺印不全 　　⑤用力过大模糊不清 　　⑥指尖翘起捺印不全

不符合要求的捺印

遇有被捺印人部分指位因皮肤条件无法捺印或缺指等情况，捺印人应在对应捺印

框和备注栏内填写"皮肤条件无法捺印""缺指"字样并注明残缺或受伤的原因、时间和程度。

由于人为破坏或其他原因使手指皮肤磨损、脱落等情形，暂时不能捺印的，可待手指花纹恢复后再次捺印。

平面捺印

三面捺印

任务2　尸体手印样本采集

【建议学时】1学时。

【任务要求】尸体捺印样本手印的收取，无法进行现场演示，学生不易掌握和应用，但学生要掌握提取的方法，可进行模拟提取。

【学习要求】了解尸体捺印样本手印的几种方法和技术要点，完成任务要求。

序号	工作步骤	要求	时间分配	备注
步骤1	尸僵手的捺印	了解尸体捺印样本手印的几种方法和技术要点，完成任务要求	/	
步骤2	干瘪手的捺印			
步骤3	剥皮手的捺印			
步骤4	腐败手的捺印			
步骤5	局部残缺手的捺印			

表3-6

【任务资料】2010年3月31日，山东省××县警方接到报警，在银杏大道公路旁的沟壑中发现一具男性尸体，死者于2天前去世，全身多处被胶带捆扎，死因是机械性窒息。警方从现场情况判断，这不是第一案发现场，从捆绑死者的胶带中提取了2枚指纹，这2枚指纹成为凶手在现场留下的唯一线索。技术人员需要对死者十指指纹进行提取保存。

【任务内容】

常见的尸体手印类型有：尸僵手、干瘪手、剥皮手、腐败手、局部残缺手等。

（一）尸僵手的捺印

尸体手指僵硬，可用手握住尸体的手掌背用力向下压，尸体五个手指会自然张开伸直。此外还可以将尸体僵硬的手在40℃~50℃热水中浸泡2分钟~3分钟，擦干后强迫反复活动屈伸，使尸僵完全缓解并放松后，再用捺印盒将油墨均匀地涂在尸体手上，捺印采集。操作时必须注意应使纸片顺手指滚印，并及时记录，严防指位混淆。

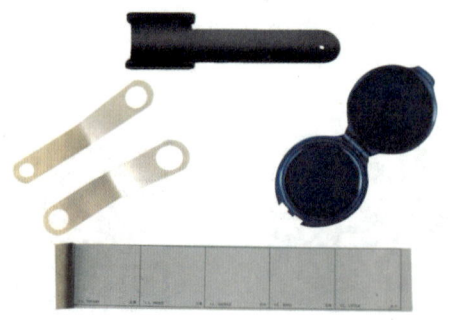

尸体指纹采集设备

（二）干瘪手的捺印

尸体手指干瘪，指头表面仅是皱缩，手纹及其细节特征可用肉眼观察到的，采用摄录或直接拍照的方式采集手纹，可不必捺印。若需要捺印，可将所需捺印的手指托住，用注射器在手指侧面注入液体白蜡或甘油，也可以在该指第一关节和两侧注入空气，直至指腹部膨胀鼓起，再迅速涂上一层均匀而薄的油墨即可捺取。

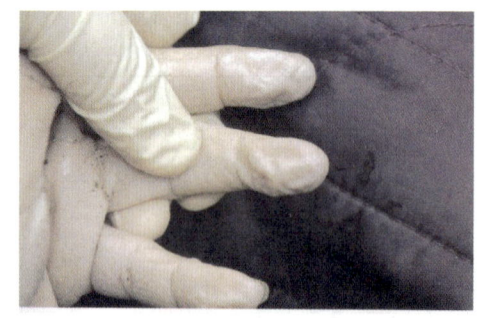
①手指干瘪情况

②注入液体膨隆

干瘪手指注入液体后恢复膨隆状态

（三）剥皮手的捺印

尸体常因被水浸泡而使手的表皮脱落形成"剥皮手"。若剥皮手的纹线无明显损坏，可用清水漂洗后晾干，轻轻套在专业人员手指上涂油墨即可捺印。如果表皮外层角质已软化脱落，纹线不清，则需捺取表皮深层的"反向纹线"即生发层的凸凹纹线。捺印前可将其放在水中清除软化皮屑，然后由里向外翻转或从背面剪开，再用石油醚棉球擦去内层油脂，直至石油醚挥发后不反光为止；晾干后直接拍照或套入相应手上涂油墨捺印。

如果手指大部分表皮松脱，只是小部分与其相连接时，可细心剥离或切下连接部分，然后套在相应的手或物体上涂油墨捺印。如果尸体在水中浸泡时间不长，手指表皮开始脱落，"表皮手套"还没有完全形成，可用30℃温水浸泡，人为地加速剥离；如果手指皮肤只是软泡，尚未开始脱落，则需视情况而定是否要做脱水处理及复形。

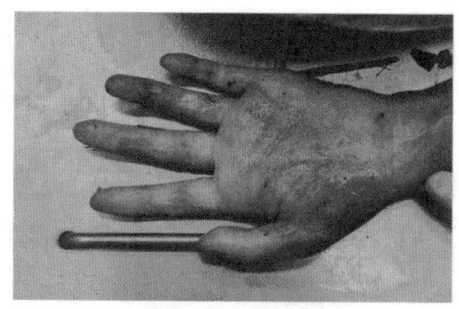
①水泡尸体手掌情况

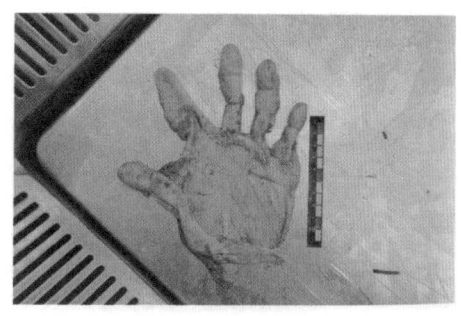
②形成的"表皮手套"

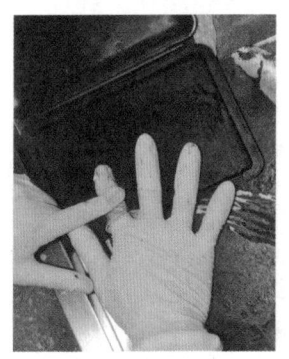
③捺印油墨（捺印人戴乳胶手套套入"表皮手套"）

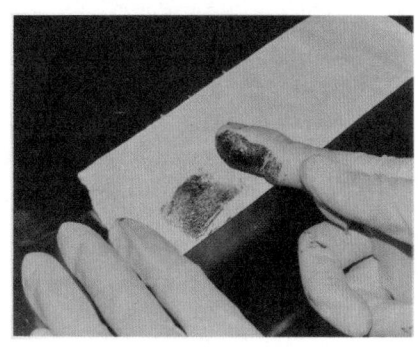
④三面滚动捺印效果

水泡尸体指纹的捺印图例

（四）腐败手的捺印

严重的尸体腐败会导致表皮与真皮剥离，形成"表皮手套"，可按照"表皮手套"处理方法捺印指纹。如果"表皮手套"已经完全腐败，不能捺印到理想指纹，为使真皮手纹清晰可见或增强立体感，可采用猪油加热法进行处理。先将猪油加热至120℃～130℃，再将洗净的手指浸过冷油后放入热油中炸3分钟左右取出，然后用乙醚和清水洗净手指上的油脂，若手指残存水分，可用吸水纸吸干并涂上滑石粉，再用软毛刷扫去多余粉末，纹线即显出，打测光拍照，即可获得指纹样本。

（五）局部残缺手的捺印

对外伤、破碎手指指纹的整复和提取。死者手指受伤或被故意破坏，可能造成指腹破碎、手指皮肤移位以至零散脱落。可用小毛刷清洗干净，按皮肤部位和纹线结构拼接整复，再黏附油墨捺印。若皮肤破碎脱落，可在每小块脱落皮肤上黏附油墨，分别捺印在白纸上，然后剪掉空白纸边，按纹线逐块对合。技术人员可通过残缺部位指纹查明死者身源。

手印鉴定技术

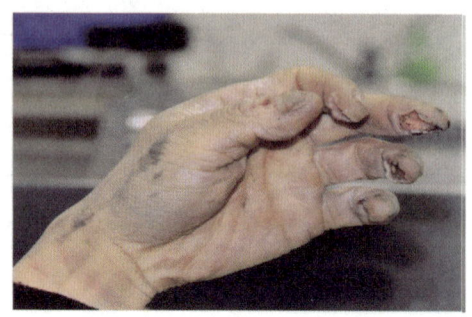
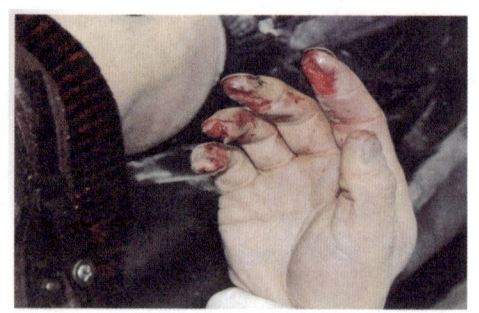

①死者左手五指指纹被故意破坏　　②死者右手五指指纹被故意破坏

尸体指纹被破坏图例

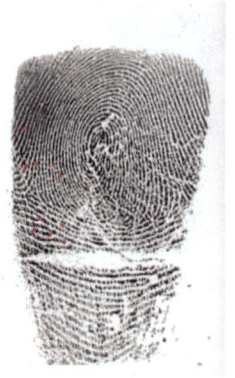

利用剩余的残缺部位指纹捺印比对查明死者身源

【任务作业】根据任务资料按照尸体手印样本采集方法模拟完成任务要求。

项目二 无油墨捺印样本手印的收取

任务1 指纹采集仪手印样本采集

【建议学时】1学时。

【任务要求】通过该活动,我们要准确地掌握指纹采集仪的使用方法与操作要领,并按照法定程序认真严谨地完成手印样本采集工作。具体流程如下:

序号	工作步骤	要求	时间分配	备注
步骤1	采集前的准备	充分做好采集前准备工作,填写相关文件记录	5 min	
步骤2	采集的要求	了解指纹采集仪的操作步骤与要领	5 min	
步骤3	指纹采集	能够掌握具体的采集方法并完成任务要求	35 min	

表3-7

【任务背景】现有当事人需要进行样本手印的采集,作为刑侦人员或鉴定人员,需要对当事人的双手进行采集,并要依照相关规定及程序建立当事人的指印档案,妥善保存。

【任务资料】指纹采集仪及连接计算机。

【任务内容】油墨捺印方法难以满足现代化指纹自动识别系统和实际工作的需要,20世纪90年代,国外有些国家已开始采用光电一体化活体指纹采集装置——无墨滚动式活体指纹采集仪,直接将活体手指置于仪器的摄取窗口,经过光电扫描,便可采集到活体的平面或三面指纹,并可连接计算机和打印机,显示或打印出指纹图像。活体指纹采集仪摄取的指纹图像清晰、保真,且被捺取指纹者的手指不黏附任何油墨、试剂等。国内目前有不少单位或仪器厂家研制成功了活体指纹采集仪,在实践中取得了良好效果。

应用活体指纹采集仪采集指纹样本,无论在质量上还是速度上,都是原始捺印方法无法比拟的。对于刑侦部门、监狱、看守所等管理部门,该仪器大大提高了工作效率。在司法鉴定领域,对于手指捺印条件不好或被故意破坏的被捺印人,使用活体指纹采集仪采集指纹样本效果更佳,很好地补充了传统油墨捺印指纹的局限。

 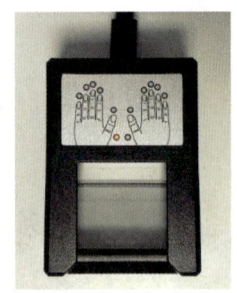

光电式指纹采集仪

平采单指指印步骤如下图所示。

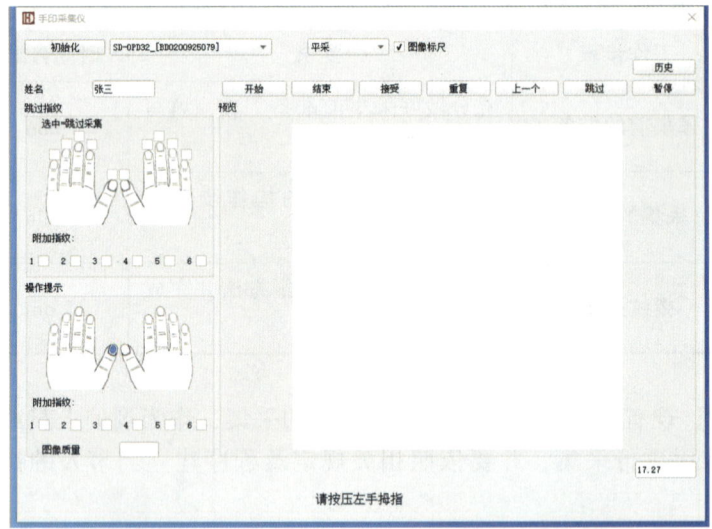

按图示步骤应用光电式指纹采集仪平采单指指印

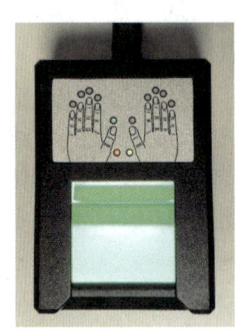 

按压对应手指录入平面指印

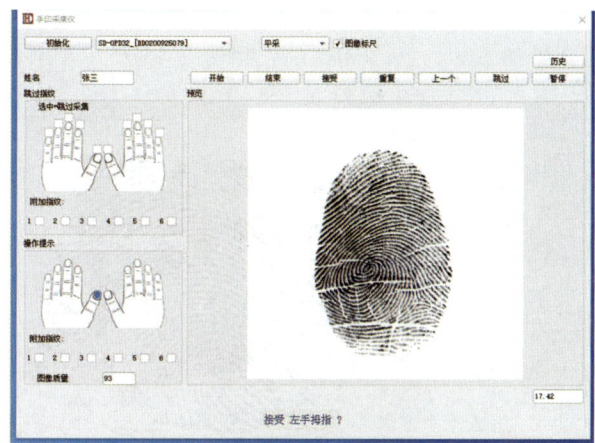

接受录入平面指印

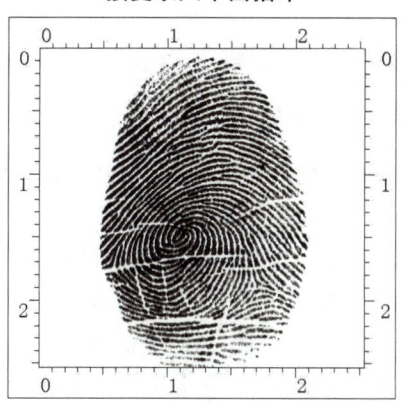

录入平面指印效果

多指平采及滚采步骤同上。

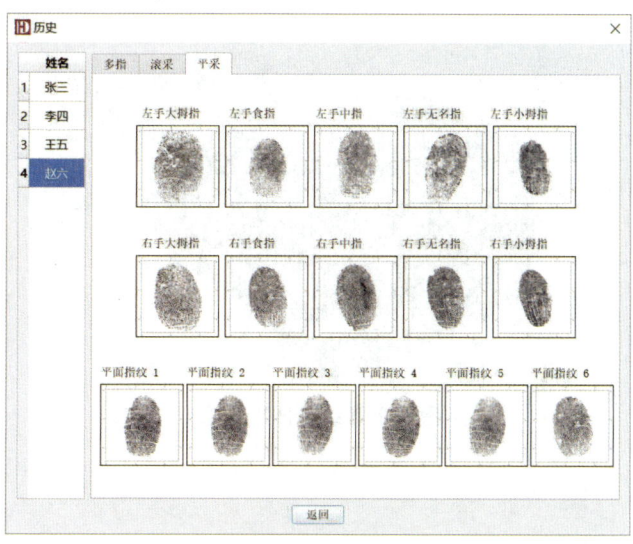

多指平采指印

手印鉴定技术

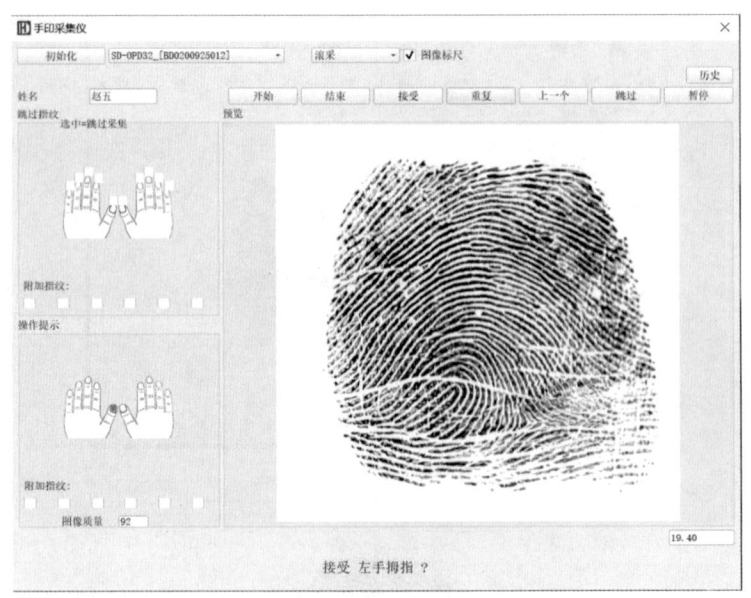

滚采单指指印

【任务作业】根据任务资料认真完成样本手印的采集工作（表3-2、表3-3、表3-4）。

另一款墨奇指掌纹一体采集仪，是由墨奇非接触指纹采集仪与接触式掌纹采集仪集成的智能化先进设备，实现快速、便捷、高清采集单指平面捺印指纹、单指三面捺印指纹、四连指和双拇指、平面掌纹、侧掌掌纹。采集仪运用先进的光学采集技术和三维视觉技术，使指掌纹采集不受光线、手指干湿、遗留痕迹及雾气影响，加上指纹、掌纹双窗口设计，能够全方位满足不同警种的指掌纹采集需求，极大地提升指掌纹采集效率及指掌纹采集质量。该设备集成模块具有极强灵活性。

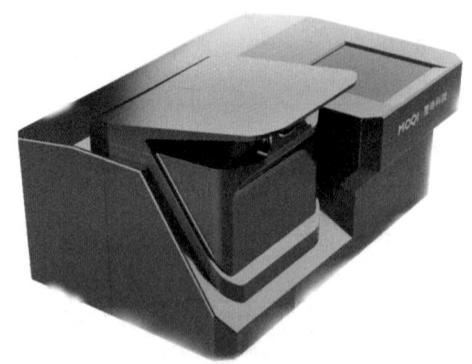

墨奇指掌纹一体采集仪

 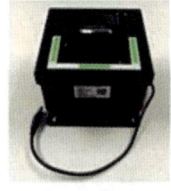 

Evaluation of Contact versus Contactless Fingerprint Data (Final Report v2) NIJSCEO 2013

墨奇指掌纹一体采集仪款式

【拓展知识】

任务 2　显现提取手印样本采集

【建议学时】1 学时。

【任务要求】通过该活动，我们要灵活运用之前所学的显现提取技术，对被提取对象在接触物体时无意留下的手印进行显现提取，具体流程如下：

序号	工作步骤	要求	时间分配	备注
步骤 1	提取前的准备工作	明确提取要求、提取对象基本情况、制定提取方案	5min	
步骤 2	提取的实施	掌握提取实施的方法	30min	
步骤 3	提取样本的处理	掌握提取样本的处理	10min	

表 3-8

【任务背景】某公安机关侦办的一起入室盗窃案中，在现场窗户上提取到一枚作案人手指印，经技术人员分析应系右手拇指所留，经警方摸排，发现张某有重大作案嫌疑，并传唤张某到公安机关，需要对张某指纹进行秘密提取。

【任务内容】

步骤一：提取前的准备。研究现场指印遗留的情况和部位，确定密取的手位、指位和部位。充分了解密取对象的经历、职业、爱好、习惯、家庭人员情况，注意观察密取对象在工作、生活、学习、娱乐等平常活动中经常接触的物品，摸清其生活规律和动作习惯；研究密取方案，从措施保密的安全性出发，先选择不易被嫌疑对象觉察的方案。

步骤二：确定合适的密取方法，选择适宜的场地，明确密取的方法。要考虑到：不易引起嫌疑对象的怀疑和反感，不能暴露我们的意图和手段；既方便于取得手印样本，又能符合完整、清晰、不变形的要求。

提取方法如下：

序号	方法	要求	时间分配	备注
方法1	撒粉抖显法提取指印样本	能够掌握撒粉抖显法提取指纹的方法，尽可能提取到完整、清晰的指印	15 min	
方法2	指纹胶片提取指纹	能够掌握指纹贴片提取指纹的方法并完成任务要求	15 min	

表 3-9

方法1：采用撒粉抖显法提取指纹样本。

操作要领：将适量粉末直接倾倒或使用干净毛刷蘸取适量粉末撒在留有手印的物面一端，粉末被汗潜手印中的油脂、水分吸附后，清理多余部分的粉末，手印即可显出，然后拍照固定，也可用指纹胶带或指纹胶片固定于纸上。此方法在捺印人手指表皮磨损、脱皮严重、汗手等情况下采集手印样本效果比较理想。具体操作详见前述粉末显现法。

方法2：采用指纹胶片法提取指纹样本。

适用范围：此技术应用广泛，其适用的客体主要有塑料、金属、玻璃品、瓷器、纸张、陶器等，作为提取检材手印或自然样本手印的方法，也可直接黏附在手指表面，提取实验样本手印。

模块三 样本手印收取

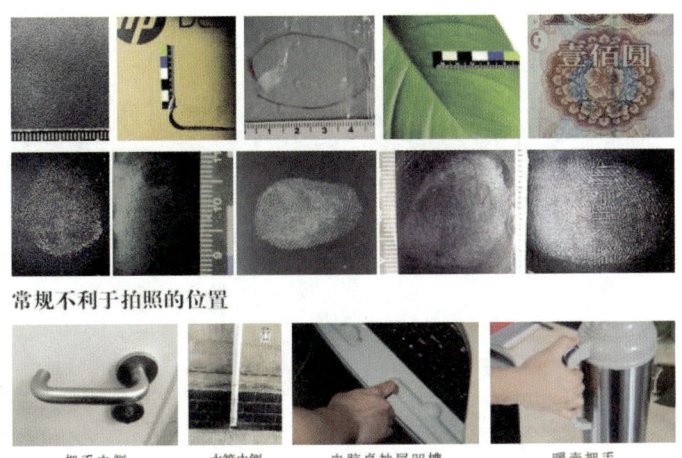

各类客体表面手印胶片提取

操作步骤如下：

1. 把手印周围多余的粉末清理干净。
2. 根据手印的大小，指纹胶片胶面对准指纹纹线，先把一端固定好，然后用拇指或食指内侧面从胶片背面用力向前或向上推压胶片，使胶片贴在指纹纹线上，再用手指面推压数次，以胶片与物面间不留气泡空隙为最佳。
3. 反向均匀用力揭下胶带，指纹纹线就转印到胶面上，将其平整地粘贴在反差较大的衬底材料上，便于检验保存。

手机表面手印胶片提取

茶杯表面手印胶片提取

步骤三：提取样本的处理。密取手印如经鉴定，认定现场犯罪手印为被提取人所留，改为公开捺印提取手印鉴定样本，制作鉴定书，作为证据提交批捕、起诉。

【任务作业】根据上述内容采用撒粉抖显法和指纹胶片法提取指纹样本。完成任务要求。

· 135 ·

> 事莫明于有效，论莫定于有证。[1]
>
> ——【东汉】王充《论衡·薄葬》

模块四

手印鉴定

1. 项目背景及任务：手印鉴定以司法实践需求为导向，主要解决案件中所涉指印的真实性及相关专业性问题，本节主要通过模拟案件与拟定相关任务目标，重点培养学生规范提取、系统分析及综合研判手印的鉴定思维与能力。聚焦手印鉴定实务具体步骤及逻辑思维构建，针对手印细节特征的识别与比对，尤其是对模糊手印处理、疑难特征辨别等难点，采用任务分解、操作演示、案例实践等方式完成递进训练，逐步强化证据意识与实战思维，完成手印鉴定的具体工作。

2. 知识目标：了解手印鉴定的基本流程，熟知指印的一般特征与细节特征，掌握指印特征的比对方法与原则，能够深入理解指印特征属性，明晰综合评断的特征价值，明确司法鉴定意见书的撰写要求与原则。

3. 能力目标：能够独立完成手印鉴定的各个环节，客观、准确、合法地收集鉴定材料，掌握手印检验的多种方法，并能客观准确分析手印及其特征，最终可以根据技术规范制作司法鉴定意见书。

4. 素质目标：作为司法鉴定工作人员，坚守诚信、法治的政治立场，能够秉承公正为先、尊重科学的原则完成司法鉴定的全流程工作，能够独立完成高质量的司法鉴定工作。

5. 建议学时：14学时。

项目一　手印鉴定的准备工作

任务1　手印鉴定的准备工作

【建议学时】2学时。

---

[1] 释义：用实际效果来检验一件事情的对错，是最好的办法；而检验一个论断是否正确的最好办法，则是看它的论据是否充分、合理。

【任务要求】本实训环节旨在指导学习者系统掌握手印鉴定准备工作的操作标准与实施要领，通过规范化作业流程精准完成手印鉴定准备环节的所有基础工作，并依据司法鉴定技术标准认真严谨制作相关法律文书。具体流程如下：

序号	工作步骤	要求	时间分配	备注
步骤1	了解案情	了解基本案情，填写相关文件	5 min	
步骤2	明确鉴定要求	鉴定要求细致明确	5 min	
步骤3	了解原鉴定情况	重新鉴定的相关法律条款	5 min	
步骤4	了解案件材料具体情况	材料性状判断准确	5 min	
步骤5	决定是否受理该案件	判断准确	5 min	
步骤6	补充程序文件资料	程序正确	10 min	
步骤7	补充检验资料	检验过程客观准确	10 min	
步骤8	同步业务系统	了解业务系统的基本内容	45 min	

表 4-1

【任务资料】详见电子附件。

××××司法鉴定委托书

××司法鉴定中心：

我单位审理张某与李某经济纠纷一案，现涉案关键证据材料上的指印真实性存疑，为查明案件事实，需要对标称日期为"2020.3.7"的《借款合同》落款处红色指印是否为张某按印所留进行指印司法鉴定。根据《中华人民共和国民事诉讼法》和相关司法解释规定，特委托你单位指派有专门资质的人进行鉴定。鉴定人进行鉴定后，应当出具鉴定报告，并由鉴定人签名、盖章。

特此委托。

××××年××月××日

附件：
1. 标称日期为"2020.3.7"《借款合同》原件1份，1张1页；
2. 张某手印捺印样本原件一份，1张1页。

联系人：×××
电话：×××××××××××

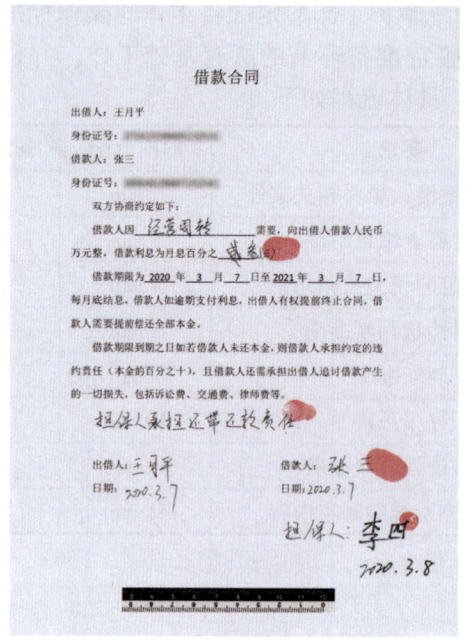 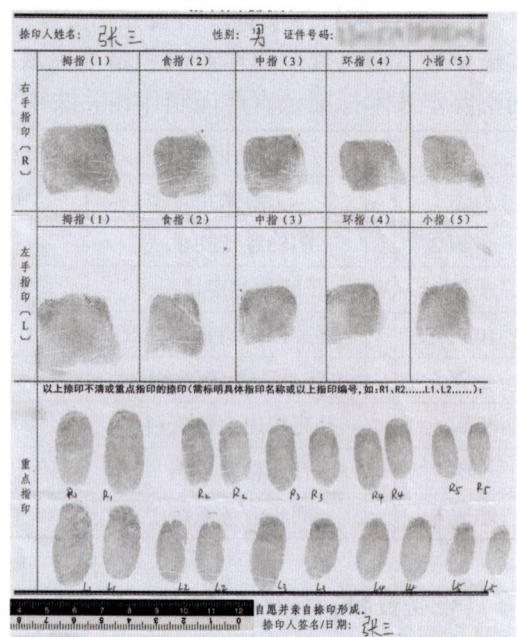

| 检材概貌 | 样本概貌 |

【任务内容】

步骤一：了解案情及案件受理。

1. 查看委托方委托手续是否完备。（参见《××××司法鉴定委托书》）
2. 了解案件的基本情况。
3. 根据委托书填写《委托登记表》（表 4-2）。

委托登记表

序号	时间	委托单位（人）	委托事项（简要）	初审意见 受案/退案/补样	收费	经办人	备注

表 4-2

步骤二：明确鉴定要求。
1. 鉴定事项是否超出本单位的鉴定执业范围。
2. 与委托方确认司法鉴定要求是否是指印鉴定。
3. 继续填写《委托登记表》（表 4-2）。

步骤三：了解原鉴定情况。
1. 是否初次鉴定。
2. 若是重新鉴定，需了解上次鉴定相关情况及过程，并提交相关资料，进行详细分析。

步骤四：了解案件材料具体情况。
1. 确认待检材料，了解检材的来源与性状。
2. 确认样本及其他资料。
3. 根据鉴定相关材料填写《检材接收/流转记录》（表 4-3）。

检材接收/流转记录

案件编号：

	名称	数量	性状	提供者确认	材料最终处理记录	
					留档	退还
送检材料		___张 ___页	□原件 □复制件			
		___张 ___页	□原件 □复制件			
	影像片___张					
	名 称	数 量	性状	提供者确认	材料最终处理记录	
					留档	退还
补充材料		___张 ___页	□原件 □复制件			
外部信息核查	核查验证内容： □外部信息材料真实，无矛盾 □材料矛盾，存在疑问（此选项应进一步验证） □外部信息可采用程度强 □不能采用 其他：（可说明外部信息存在的问题） 验证结果：□可以作为鉴定依据□不能作为鉴定依据 核验人：　　　　年　　月　　日					

续表

	检材接收流转		
流转记录	接 收 人	移交日期/时间	备 注

表 4-3

步骤五：决定是否受理该案件。

1. 确认检材是否具备检验条件（细节特征是否可辨充足）。
2. 确认样本是否具备比对条件（部位相同、结构完整且细节特征是否可辨充足）。
3. 根据相关鉴定资料补充完善《检材接收/流转记录》（表 4-3）。
4. 填写受理审批表（表 4-4）。

××××司法鉴定中心
司法鉴定受理审批表

委托人	
委托时间	联系电话
简要案情	
委托鉴定事　　项	
	□初次鉴定　　　□重新鉴定　　　□补充鉴定
委托方是否提出鉴定人回避	
接待人员初审意见	接待人：　　　　　　　　　　年　月　日

续表

鉴定机构审批意见	同意受理,指定鉴定人:1、　　　　2、　　　　承办。 不同意受理,原因: 审批人:　　　　　　　　　　　　　年　月　日

注:表格中初次鉴定、重新鉴定、补充鉴定在"□"中打"√"表示确认,打"×"表示否定,不允许有空白方框。

表 4-4

步骤六:补充程序文件资料。

1. 若不予受理,除了填写受理审批表外,还应当书面回复不予受理的原因。
2. 若受理该案件,继续填写《司法鉴定委托确认书》(表 4-5)。
3. 沟通确认好相关费用及其他程序。发布《收费通知书》或《材料补充函》等。

司法鉴定委托确认书

编号:＿＿＿＿＿＿＿＿

委 托 人		联 系 人	
联系地址		联系电话	
司法鉴定机　构	名　　称:×××××× 地　　址:××××××　邮编:××××××　联系电话:××××××××		
委　托鉴定事项			
	□初次鉴定　　□重新鉴定　　□补充鉴定		
鉴定用途			
鉴定方法	□文件鉴定通用规范(GB/T 37234—2018); □笔迹鉴定技术规范(GB/T 37239—2018); □文件上可见指印鉴定技术规范(SF/Z JD0202001—2015); □印章印文鉴定技术规范(GB/T 37231—2018); □印刷文件鉴定技术规范(GB/T 37232—2018); □篡改(污损)文件鉴定技术规范(GB/T 37238—2018)。 其他:		

续表

鉴定材料	
预计费用及收取方式	预计收费总金额：¥：_____ 大写：_____ 收费方式：□根据物价部门规定的科目及收费标准 　　　　　□协商收费 收费标准：《湖北省司法鉴定收费管理办法》
司法鉴定意见书发送方式	□自取　　□邮寄　地址： □其他方式（说明）

约定事项：
1.（1）关于鉴定材料：
□所有鉴定材料以委托书所罗列的内容为准。
□所有鉴定材料无需退还。
□鉴定材料须完整、无损坏地退还委托人。
□因鉴定需要，鉴定材料可能会损坏、耗尽，导致无法完整退还。
□对保管和使用鉴定材料的特殊要求：_____。
（2）关于剩余鉴定材料：
□委托人于_____周内自行取回。委托人未按时取回的，鉴定机构有权自行处理。
□鉴定机构自行处理。如需要发生处理费的，按有关收费标准或协商收取_____元处理费。其他方式：
2. 鉴定时限：
□_____年_____月_____日之前完成鉴定，提交司法鉴定意见书。
□既不按时领取剩余鉴定材料又不按规定缴纳鉴定材料处理费用的，鉴定机构可暂时停发司法鉴定意见书。
□从该委托书生效之日起_____个工作日内完成鉴定，提交司法鉴定意见书。
注：鉴定过程中补充或者重新提取鉴定材料所需的时间，不计入鉴定时限。
3. 需要回避的鉴定人：_____，回避事由：_____。
4. 经双方协商一致，鉴定过程中可变更委托书内容。
5. 其他约定事项：

续表

鉴定风险提示	1. 鉴定意见属于专家的专业意见，是否被采信取决于办案机关的审查和判断，鉴定人和鉴定机构无权干涉。 2. 由于受鉴定材料或者其他因素限制，并非所有的鉴定都能得出明确的鉴定意见。 3. 鉴定活动遵循依法、独立、客观、公正的原则，只对鉴定材料和案件事实负责，不会考虑是否有利于任何一方当事人。	
其他需要说明的事项		
委托人 （承办人签名或者盖章） 年　　月　　日		司法鉴定机构 （签名、盖章） 年　　月　　日

表 4-5

步骤七：补充检验资料。

若进行现场检验或检测，应当填写相关检验表格，并进行签字确认（表 4-6）。

鉴定、检查、检测及调查记录

时间：_____年_____月_____日_____时_____分

地点：_____

记录人：_____

鉴定、检查、检测及调查记录：_____

_____
_____
_____
_____
_____
_____
_____
_____
_____

在场人员签名：_____

表 4-6

步骤八：同步司法鉴定业务系统。

根据委托资料，登录司法鉴定业务系统进行"新增"登记，在"委托登记-案件新增"页面填写相关案件信息，上传资料等。

需要注意的是，不同地域使用的业务管理系统有所区别，请参考当地业务管理系统界面。

司法鉴定业务系统"新增"登记页面

司法鉴定业务系统"委托登记-案件新增"页面

【**任务作业**】根据相关资料认真填写表 4-2 至表 4-6。

项目二　手印检验鉴定

任务1　初步检验

【**建议学时**】2学时。

【**任务要求**】结合手印鉴定技术规范，认真完成对手印的初步检验，明确手印的形成方式，准确判断遗留部位，客观分析形成质量，并协作完成对应文书的制作，为后续的检验鉴定打下良好的基础。具体流程如下：

序号	工作步骤	要求	时间分配	备注
步骤1	判断形成方式	能够准确分析判断手印的形成方式	45 min	
步骤2	判断遗留部分	通过手印分析，初步判断留痕部位或方向	45 min	
步骤3	判断形成质量	准确判别细节特征及手印形成质量		

表 4-7

【**任务背景**】××××法院在审理一起民间借贷纠纷案件时，怀疑《担保承诺》上的指印是通过技术手段伪造形成，要求鉴定《担保承诺》上落款"张三"字迹处指印的形成方式。如果你是检验人员，你该如何对本案材料进行初步分析？

【**任务资料**】详见电子附件。

模块四　手印鉴定

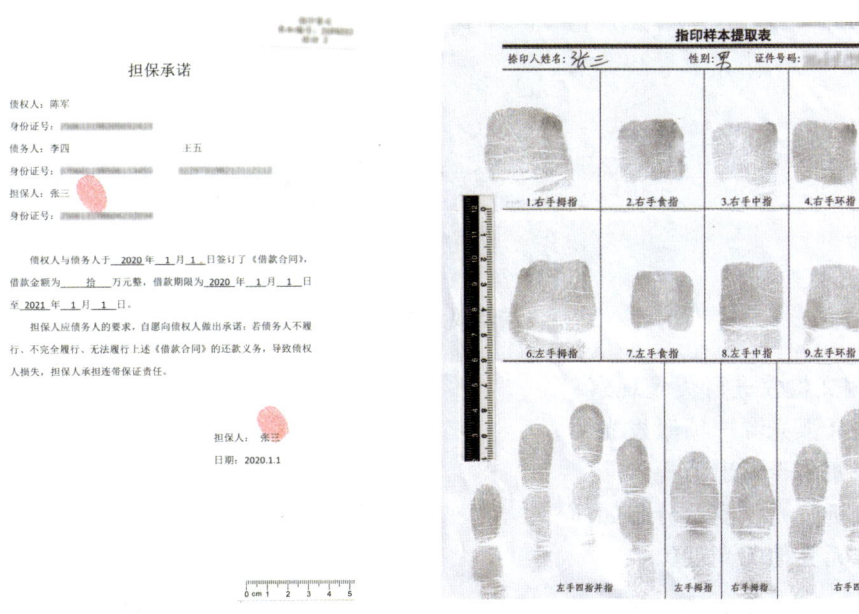

　　检材概貌　　　　　　　　　　　样本概貌

【任务内容】

步骤一：1. 宏观观察。

（1）指印形状及纹线基本流向。

（2）指印色料颜色及浓淡状态。

（3）纸张状态。

局部概貌图

2. 体视显微镜进行显微观察。

（1）色料分布均匀程度。

（2）是否存在印刷痕迹。

（3）是否有其他异常印痕。

· 147 ·

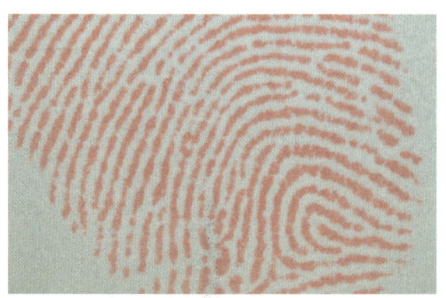

局部放大图

3. 使用文检仪进行荧光观察
（1）选择强光源选项激发光源。
（2）观察是否发出荧光。
（3）分析荧光强度及分布如何。
（4）有无其他荧光现象。

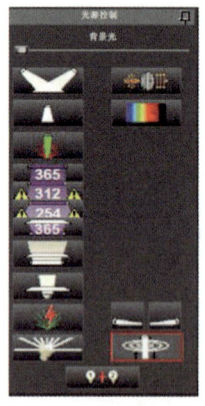

文检仪操作界面

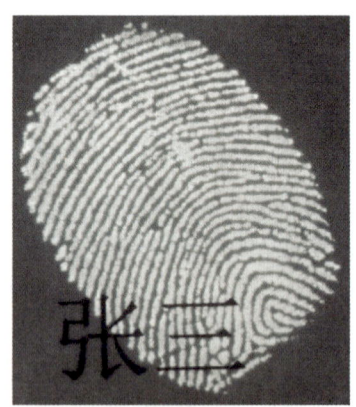

荧光图

4. 若有多枚指印可使用 Photoshop 图像处理软件进行重叠检验。
（1）将检材中 2 枚指印进行裁剪，旋转画布调整指尖方向。

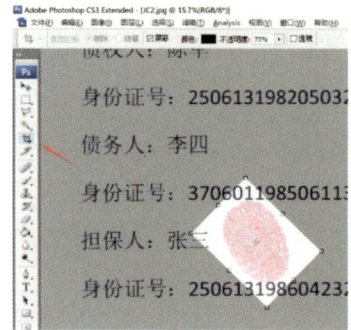
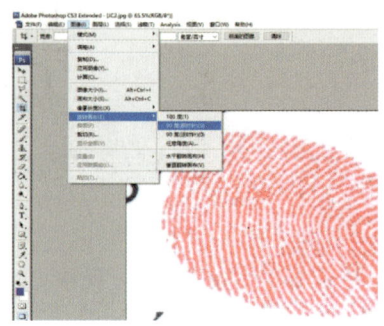

Photoshop 图像处理软件操作界面

（2）将 2 枚指印裁剪好后放置软件中，保证两者分辨率一致，复制其中 1 个。

Photoshop 图像处理软件操作界面

（3）复制到另一枚指印窗口中。

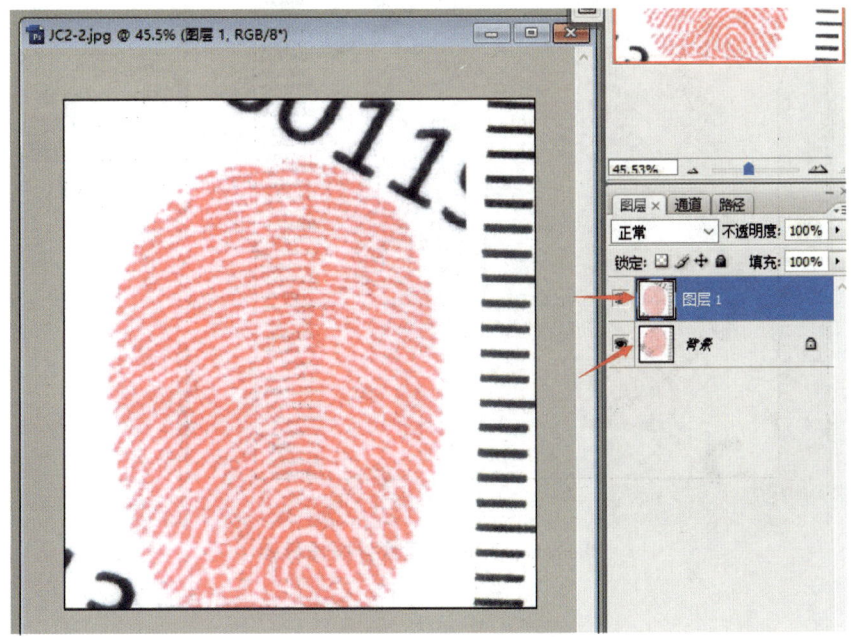

Photoshop 图像处理软件操作界面

(4) 将上层图层红色指印色相调为蓝色。

Photoshop 图像处理软件操作界面

(5) 将上层图层调整为正片叠底。

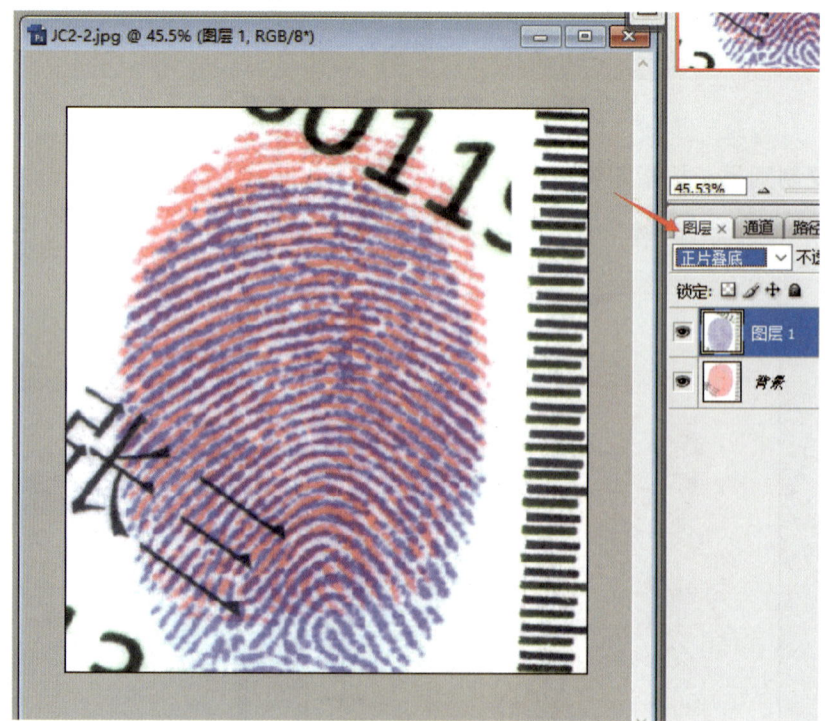

Photoshop 图像处理软件操作界面

（6）选择移动工具开始调整图片位置。

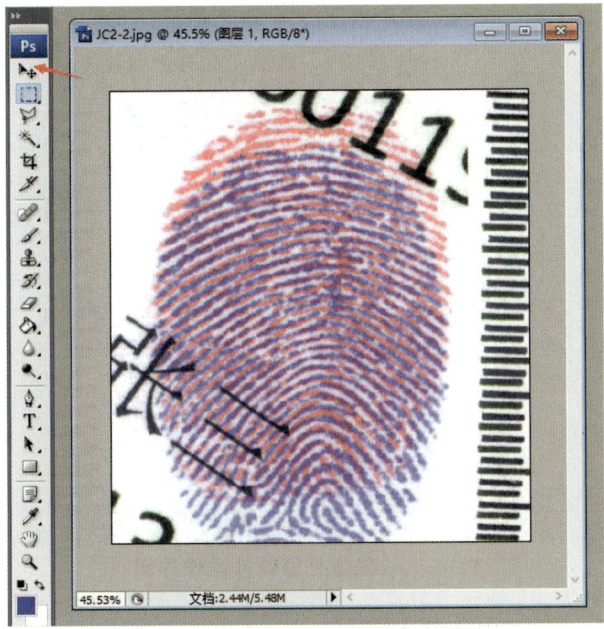

Photoshop 图像处理软件操作界面

（7）调整至以花纹中心为基准点。

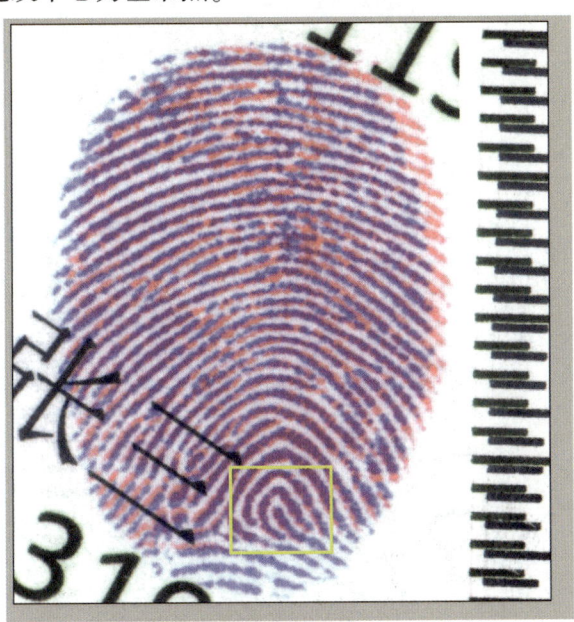

Photoshop 图像处理软件操作界面

（8）点击"Ctrl+T"进行"自由变换"。旋转中心调至花纹中心。

Photoshop 图像处理软件操作界面

（9）调整旋转角度直至基本重叠为止。

Photoshop 图像处理软件操作界面

(10) 将做好的图像另存为"JPEG"或其他图像格式。

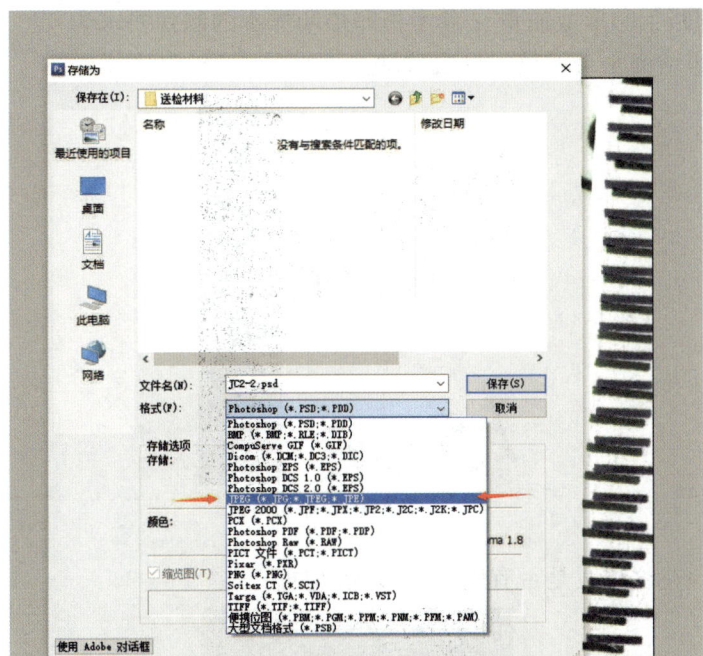

Photoshop **图像处理软件操作界面**

(11) 观察两者是否完全重叠或部分重叠。

Photoshop **图像处理软件操作界面**

步骤二：判断遗留部位（参考现场手印分析）。
1. 根据指印面积及纹线形态判断部位是手指还是手掌部位。
2. 根据指尖纹线倾斜流向，或中心花纹形态朝向或流向，判断左右手指印。

3. 根据如图花纹分布状态或屈肌褶纹形态方向来判断左右手掌印等。

步骤三：判断手印形成质量（参考指印捺印样本的制作要求）。

1. 检材手印结构是否完整，反之残缺。

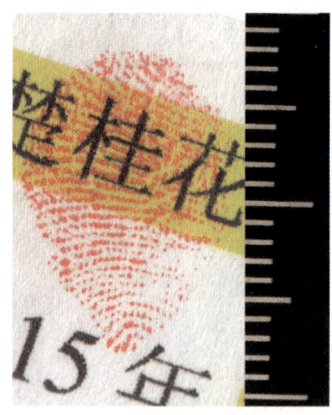

检材概貌图

2. 检材手印花纹纹线是否有明显变形或扭曲。

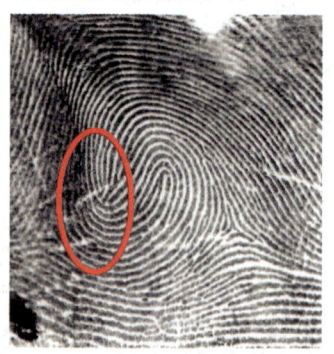

变形示意图

3. 检材手印花纹纹线是否清晰可辨或部分清晰可辨，反之模糊。

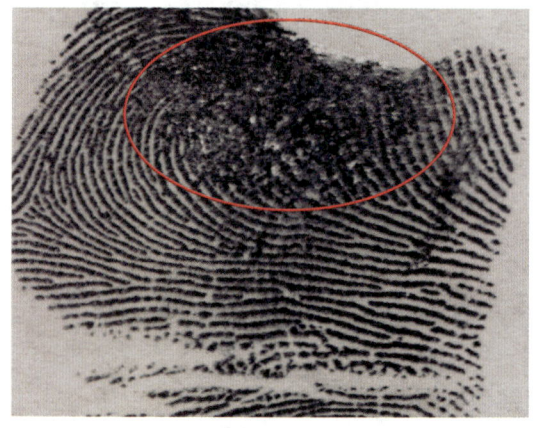

模糊示意图

4. 检材手印可辨花纹细节特征是否充足。

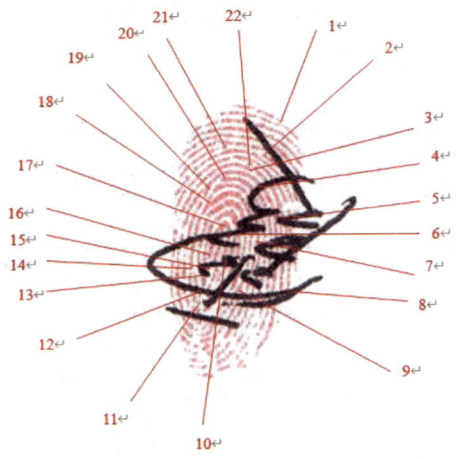

细节特征标识示意图

【**任务作业**】根据任务资料与任务内容综合分析,客观填写检验记录,完成本次任务要求。

检验记录

案件编号:

鉴定结果	鉴定要求	
	鉴定意见	
检验依据		

任务 2　分别检验

【建议学时】 2 学时。

【任务要求】 通过手印的深入检验，结合种属特征分析，确定指印细节特征，从种属特征到细节特征逐步分析，逐步呈现同一认定传统模式，完成指印鉴定。具体流程如下：

序号	工作步骤	要求	时间分配	备注
步骤 1	手印种属特征分析	能够准确分析判断手印种属特征	45 min	
步骤 2	手印细节特征标识	能够准确分析判断手印细节特征		
步骤 3	疑难指印特征分析	掌握一定强化指印的技能	45 min	

表 4-8

【任务背景】 ××人民法院因案件审理需要，要求鉴定送检红色指印与供比对样本指印是否为同一人按印所留。

【任务资料】 详见电子附件。

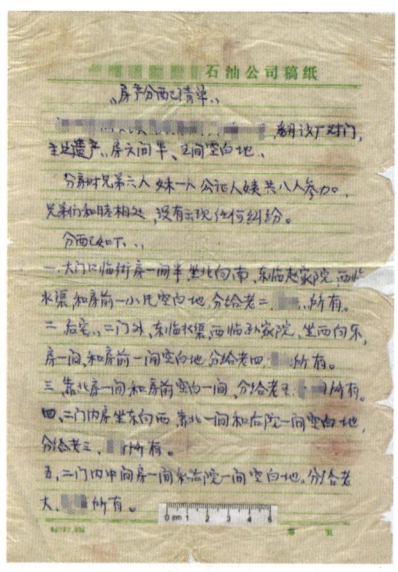

检材概貌图

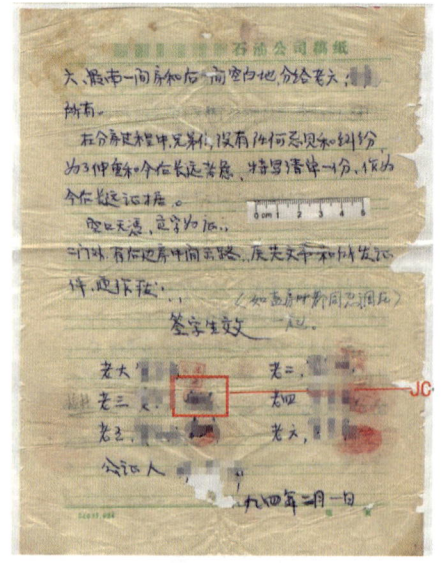

检材概貌图

模块四　手印鉴定

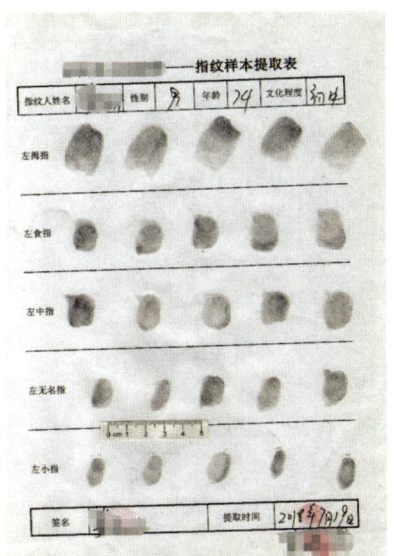
样本概貌图

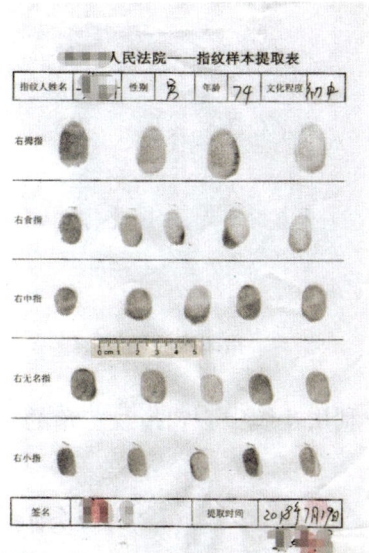
样本概貌图

【任务内容】

步骤一：手印种属特征分析。

1. 利用花纹类型进行种属判断。

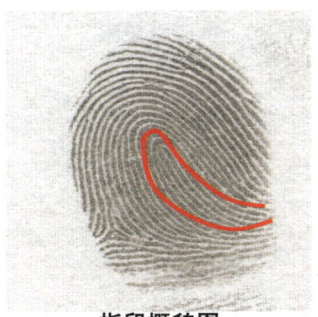
指印概貌图

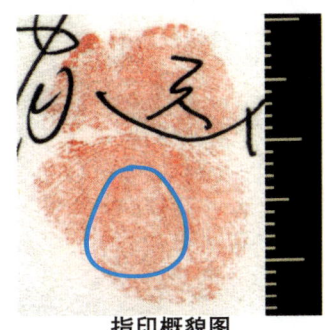
指印概貌图

2. 利用中心花纹流向进行种属判断。

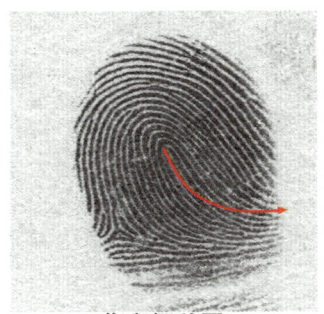
指印概貌图

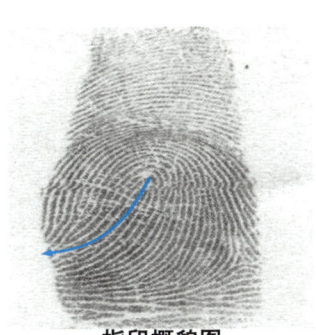
指印概貌图

3. 利用中心花纹形态进行种属判断。

指印概貌图

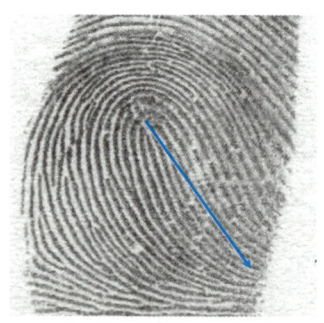
指印概貌图

4. 利用花纹中心到指纹三角的距离（线数）进行种属判断。

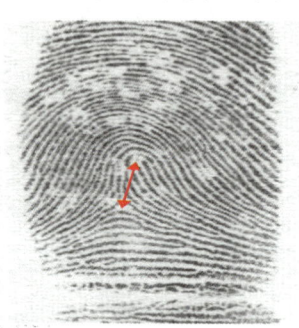
指印概貌图

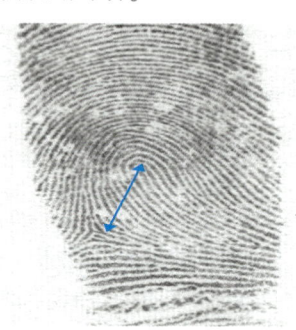
指印概貌图

5. 利用手指受伤的时间先后节点来判断。

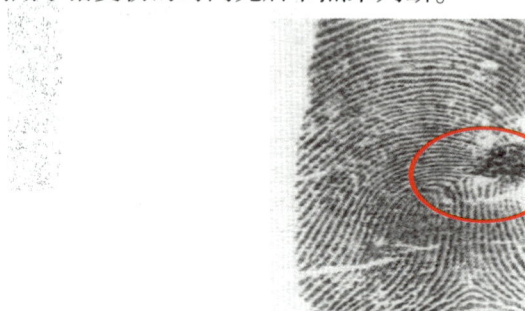
指印概貌图

步骤二：手印细节特征标识。

1. 将指印裁剪调整后，放入文档。
2. 依次点击"插入→形状→直线"。

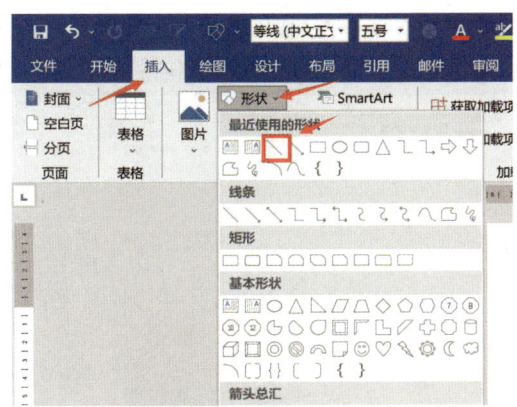

Word 文档操作界面

3. 自细节特征节点或顶点向外标画指示线，尽量与主纹线垂直。

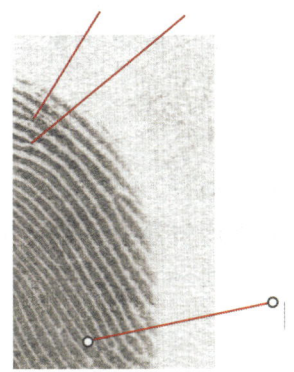

Word 文档操作界面

4. 将所有确定的细节特征全部标识出来，靠近花纹中心，指纹三角的清晰特征尤为重要。标识线应呈放射状，且不得交叉，标记数量以 10 到 20 为宜。

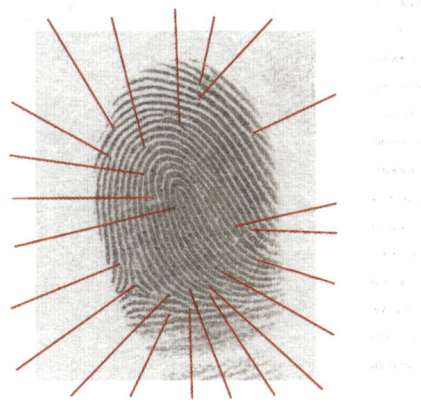

Word 文档操作界面

5. 空白处点击"插入→文本框→绘制文本框",放置于 1 点钟位置。

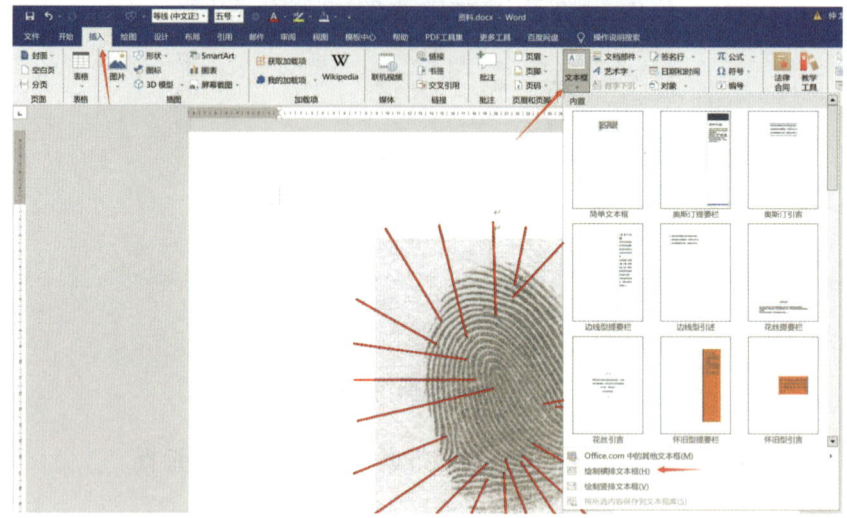

Word 文档操作界面

6. 细节特征标识方法。

(1) 准确标注到特征点上。

(2) 标线要与所标处的纹线基本垂直。

(3) 标线要尽量呈放射状,合理均匀分布,标线不得交叉。

(4) 标线序号应按顺时针方向排列。

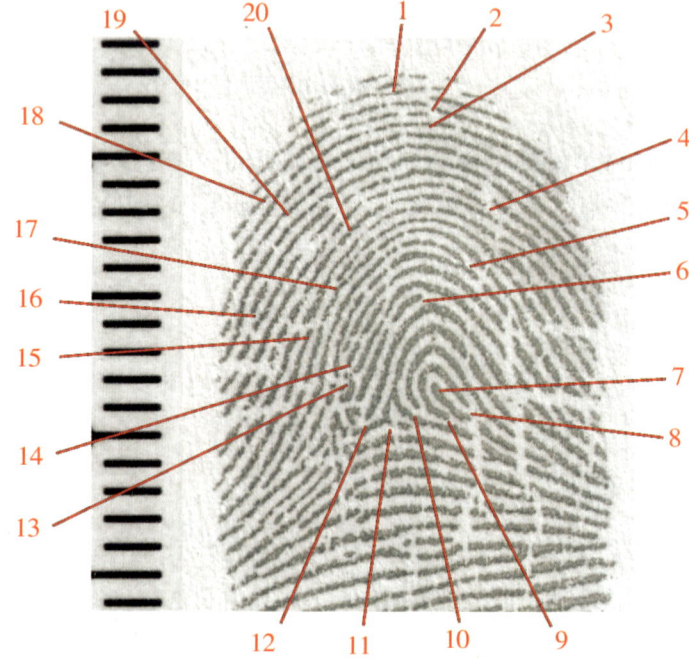

Word 文档操作界面

7. 细节特征命名原则。

（1）按特征的形态命名——如小勾、小眼、小桥、小棒、小点。

（2）按顺时针的方向命名——花纹中心的某些旋转或者近圆形的乳突线，如起点、终点、分歧、结合。

（3）按从左向右的方向命名——根基系统等横向纹线，如起点、终点、分歧、结合。

（4）按从上向下的方向命名——内部和外围系统等纵向纹线，如起点、终点、分歧、结合。

步骤三：疑难指印特征分析。

残缺或模糊的指印往往是指印鉴定中较难处理的，利用 Photoshop 或文检仪等无损方法可以对其进行一定程度上的强化。在指印鉴定中，疑难指印通常是指指印特征不明显或数量不足，供检条件太差，难以得出明确意见的情况。

造成这种情况的原因基本就是受手印形成要素的影响。手纹（造痕体）自身的明显程度、纸张（承痕体）的纤维粗糙程度、按压力（作用力）的大小及按印方式不同、色料（中间介质）的均匀及浓淡程度等因素。

1. 文检仪强化。文检仪配有的特种光源主要包括红外、紫外、多波段光源、多波段强光光源等。这些光源在文件检验鉴定的变造文书中经常用到，主要是通过不同物质对光源的特定反应性进行物质成分甄别。同样，这些对指印介质的光源反应会对指印特征进行完善及强化。

通过多数案例实践发现，多波段光源及强光光源的优化效果较为明显，而紫外的优化效果相对较弱。所以，实际中使用多波段光源和强光源的较多，其效果明显。

如下图所示，印泥印油类手印可以利用文检仪中强光源或多波段光源激发手印色料中的荧光或吸收多余物质的影响，达到强化细节特征的效果。

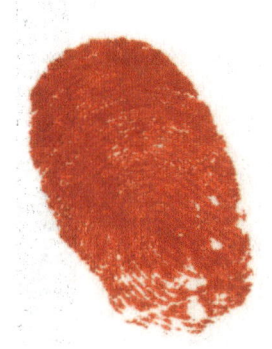 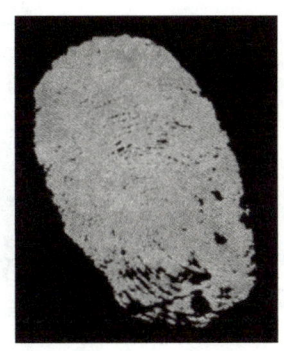 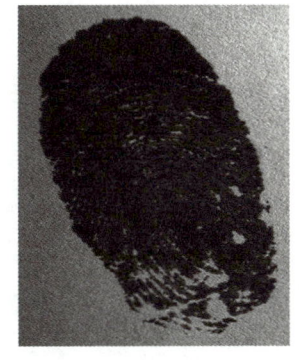

（600pdi 自然光扫描）　　（400 nm~535 nm 强光）　　（575 nm 吸收光谱）

此方法要注意色料种属和按压力情况：①印泥立体性较强，油脂单独洇散，颜料稳固；印油洇散性较强，染料与油脂一同洇散，油脂单独洇散不明显。②强光荧光激发油脂类发出荧光；吸收光谱仅对颜料、染料去色强化，对油脂类无明显效果。③按压力较小时，乳突纹线较独立，小犁沟间隙较大且颜色较浅；按压力较大时，乳突纹线变宽，小犁沟变窄，有明显挤墨现象。④连续按印的手印，后续按印的手印乳突纹线色料减少、颜色变浅，小犁沟反倒色泽较重且明显。

上述特点虽属一般特征或普遍现象，不代表特殊形成过程，但是特种光源的强化效果是存在的，若指印本身痕迹模糊变形、接触部位残缺，特种光源强化将没有实际效果；此方法只对指印本身接触较完整，常规动作按印，仅是由于色料多少或者按压力度大小的影响造成其模糊或不可见的介质手印，具有一定的强化效果。

2. Photoshop 图像处理软件强化，加强纹线与背景的反差。

Photoshop 图像处理软件——图像界面

（1）Photoshop 调整色相及饱和度。

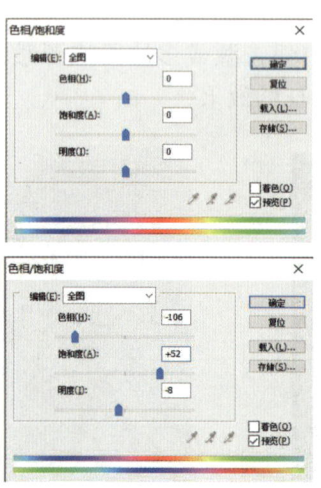

Photoshop 图像处理软件——操作参数界面

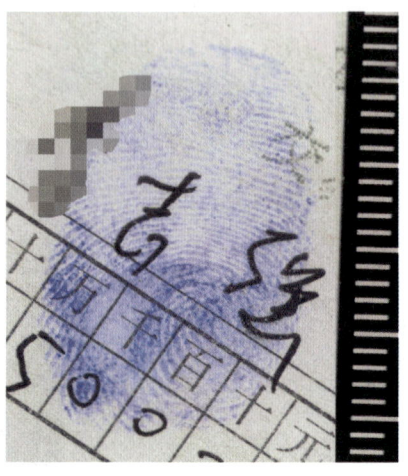

Photoshop 图像处理软件——图像界面

（2）Photoshop 调整亮度及对比度。

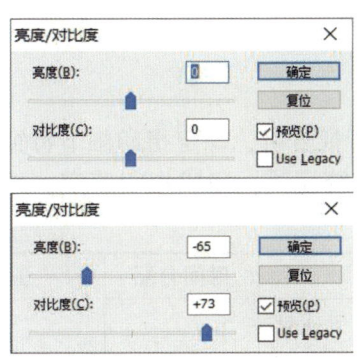

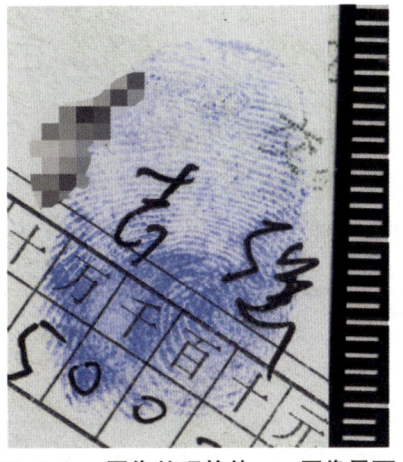

Photoshop 图像处理软件——操作参数界面　　　　Photoshop 图像处理软件——图像界面

（3）Photoshop 调整反相。

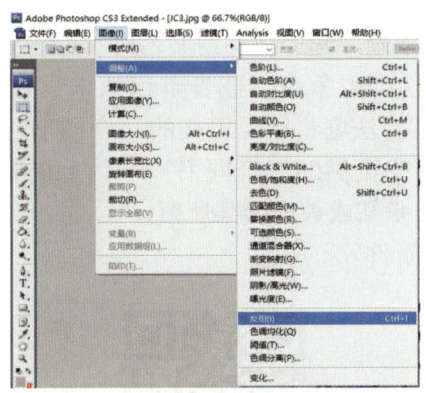

Photoshop 图像处理软件——操作参数界面

Photoshop 图像处理软件——图像界面

【任务作业】根据任务资料综合分析，判断是否是同一人指印。

任务3　比较检验

【建议学时】2学时。

【任务要求】通过手印的深入检验，结合种属特征分析，确定指印细节特征，从种属特征到细节特征逐步分析，逐步呈现同一认定传统模式，完成指印鉴定。具体流程如下：

序号	工作步骤	要求	时间分配	备注
步骤1	手印种属特征比较	能够准确分析判断手印种属特征	45 min	
步骤2	手印细节特征比较	能够准确分析判断手印细节特征		
步骤3	制作指印特征比对表	准确制作指印特征比对表	45 min	

表4-9

【任务背景】某法院在审理一起经济纠纷案件时，原告张某与被告李某，就原告提交法庭的《合同书》的真伪产生争议。被告辩称从未见过，也未接触过原告提交的《合同书》。为查清案件事实，法庭将原告提交的《合同书》送有关司法鉴定机构进行鉴定，鉴定机构从原告向法庭提供的《合同书》纸张上提取到1枚潜在手印，现需确认该枚潜在手印是否为原告张某或被告李某所留。

【任务资料】详见电子附件。

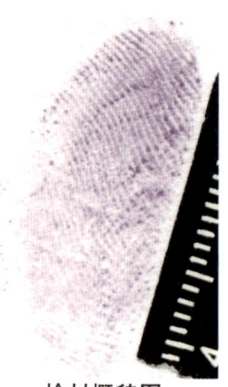

检材概貌图

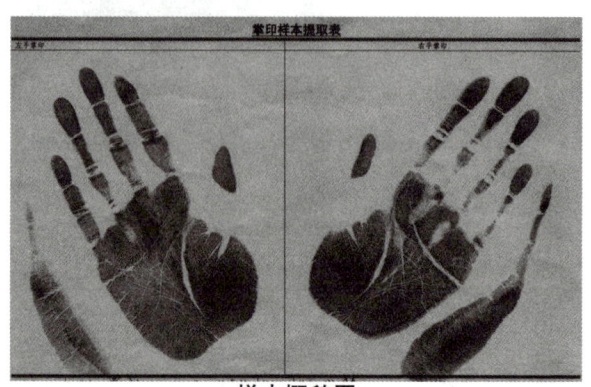

样本概貌图

【任务内容】

步骤一：手印种属特征比较（前文已述）。

根据纹线流向及遗留部位判断留痕位置。

步骤二：手印细节特征比较。

1. 找到具有典型特征的部位作为基准点向外围寻找。皱纹作为稳定性相对较弱的纹线特征，在符合一致的时候，价值会增加。

检材局部图　　　　　　　　　　　样本局部图

2. 一般特征。

（1）从点到面逐步扩展法——基准点。

 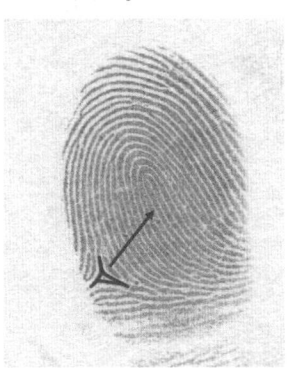 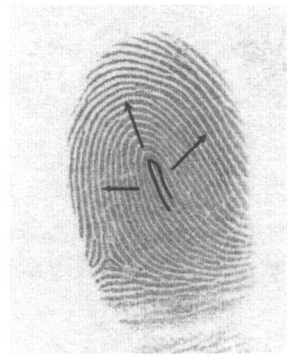

原貌图　　　　　　指纹三角　　　　　花纹中心

（2）先易后难的方法——清晰→模糊。

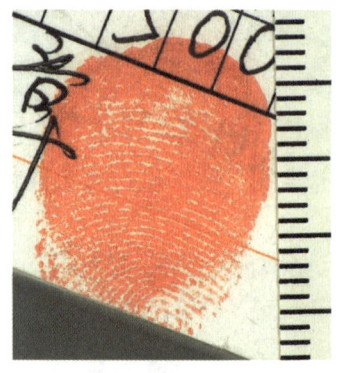
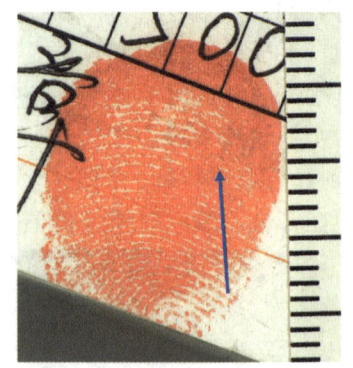

原貌图   由下向上

（3）先重点后一般的方法——典型→其他。

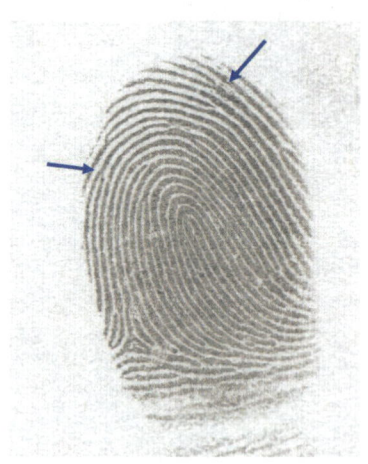
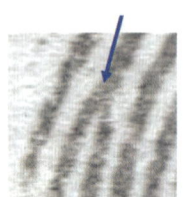

分歧点

原貌图   标记   细点线

（4）顺纹线的流向追踪法——逐根。

原貌图   由下向上或由上向下

(5) 不同手印形象对照补充法——相互补充。

材料1原貌图

材料2原貌图

3. 疑难特征。

（1）模糊手印特征的寻找确定：平行线追迹法——线间距的变化；两头数线法——模糊区域两侧纹线数量的变化。

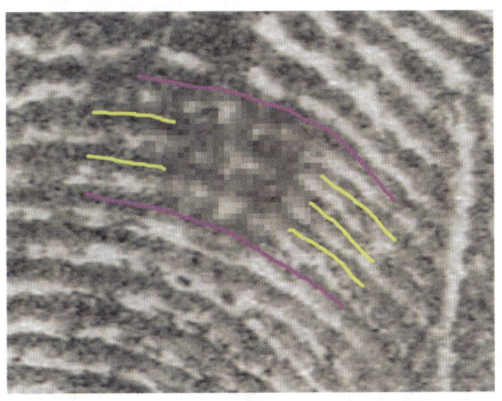
局部放大图

（2）残缺手印特征的寻找确定：定准遗留部位及方向，带有明显的纹线、细节特征等。

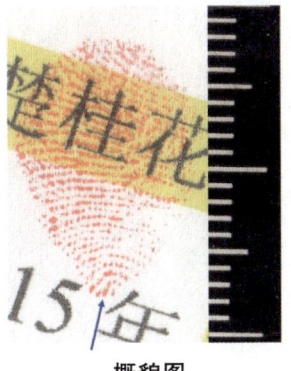
概貌图

位置较明确：靠近花纹中心
纹线清晰度：油墨较为充足
特征清晰度：端点线数变化

（3）变形手印特征的寻找确定：根据用力情况判断。

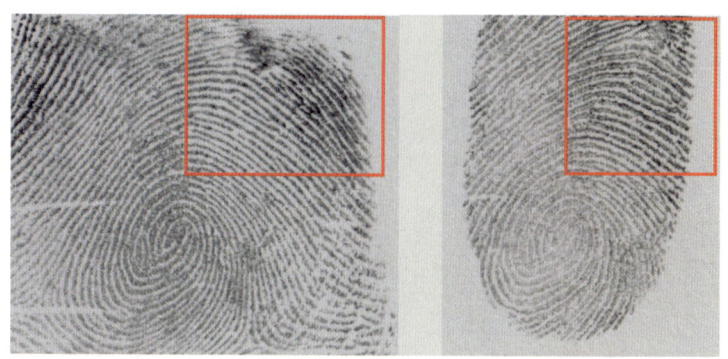

同一部位纹线，在作用方式不同的情况下呈现不同形态的分析

（4）重叠手印特征的寻找确定：判断重叠次数、判断花纹类型、寻找特征、分离方法。

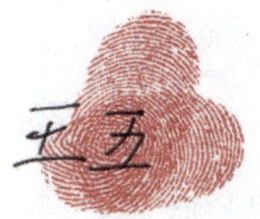

概貌图

4. 寻找和确定其他个别特征的具体方法。
（1）点状纹线特征的寻找确定。
（2）褶纹、皱纹特征的寻找确定。

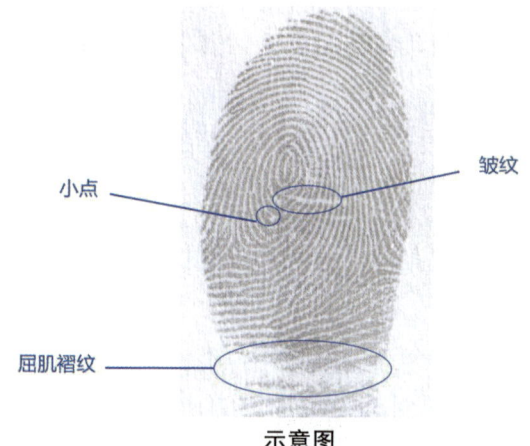

示意图

（3）伤疤特征的寻找确定。

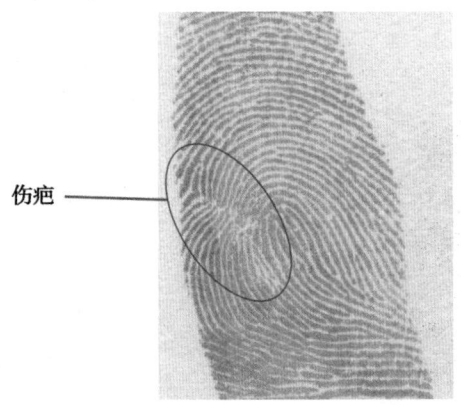

示意图

（4）汗孔特征的寻找确定。

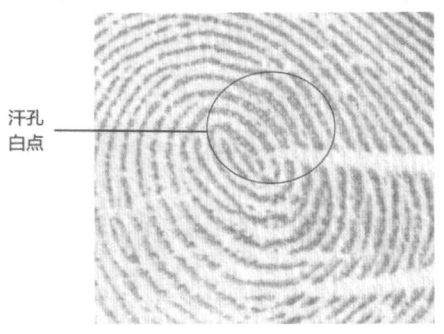

示意图

步骤三：找到具有一定相似度的指印后制作指印特征比对表。
1. 编辑文档、插入表格，输入必要信息后，插入待鉴定指印。

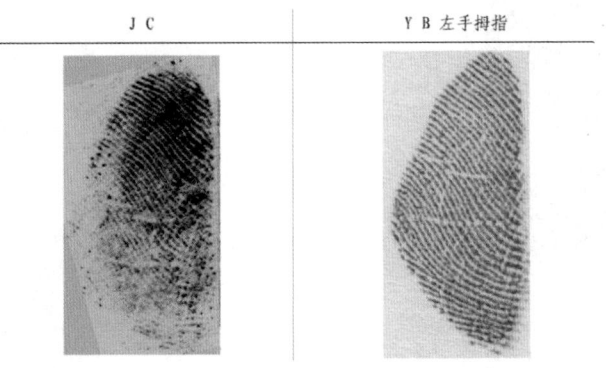

Word 文档操作界面

2. 依照前文讲述标记细节特征的方法，对应地将一致的特征标识并标记相同数字。

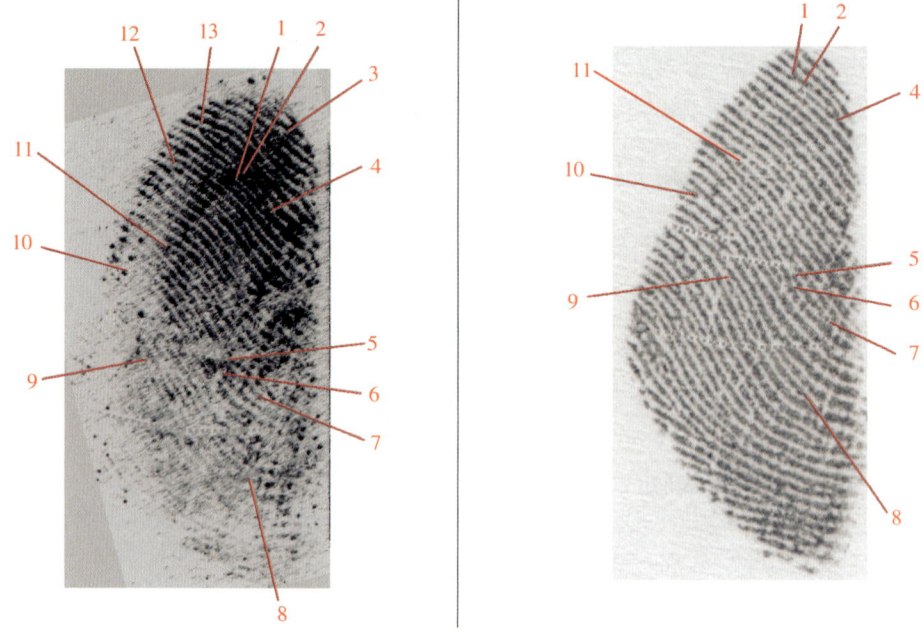

Word 文档操作界面

3. 完善表格中其他信息，包括案件编号、指印部位、制作人、制作时间、审核人、审核时间等重要信息。

指 印 特 征 比 对 表

××××〔2014〕痕鉴字第××号

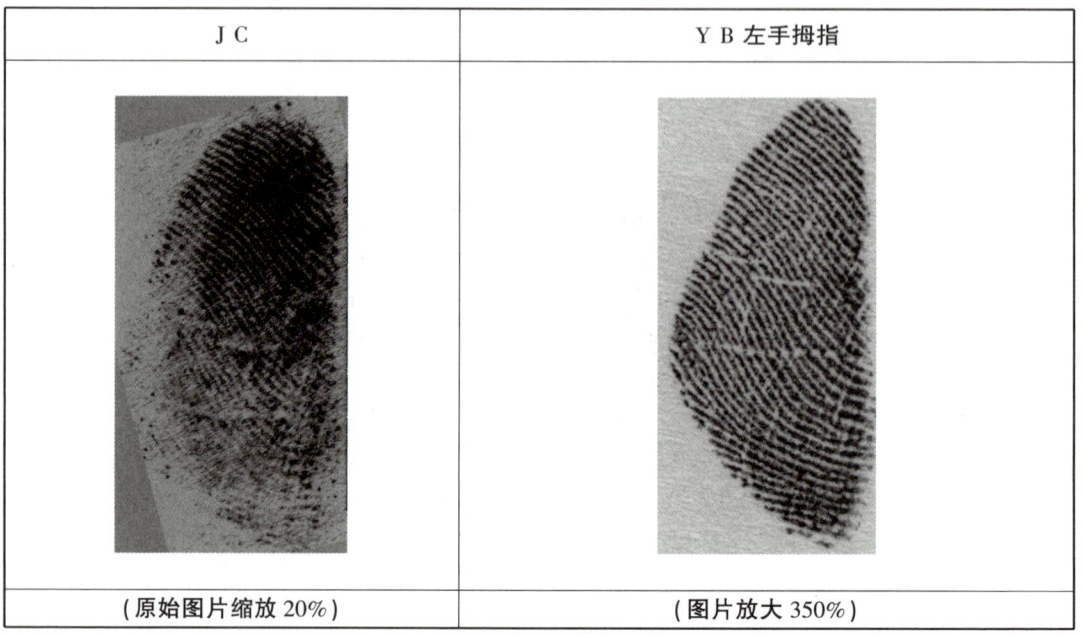

J C	Y B 左手拇指
（原始图片缩放 20%）	（图片放大 350%）

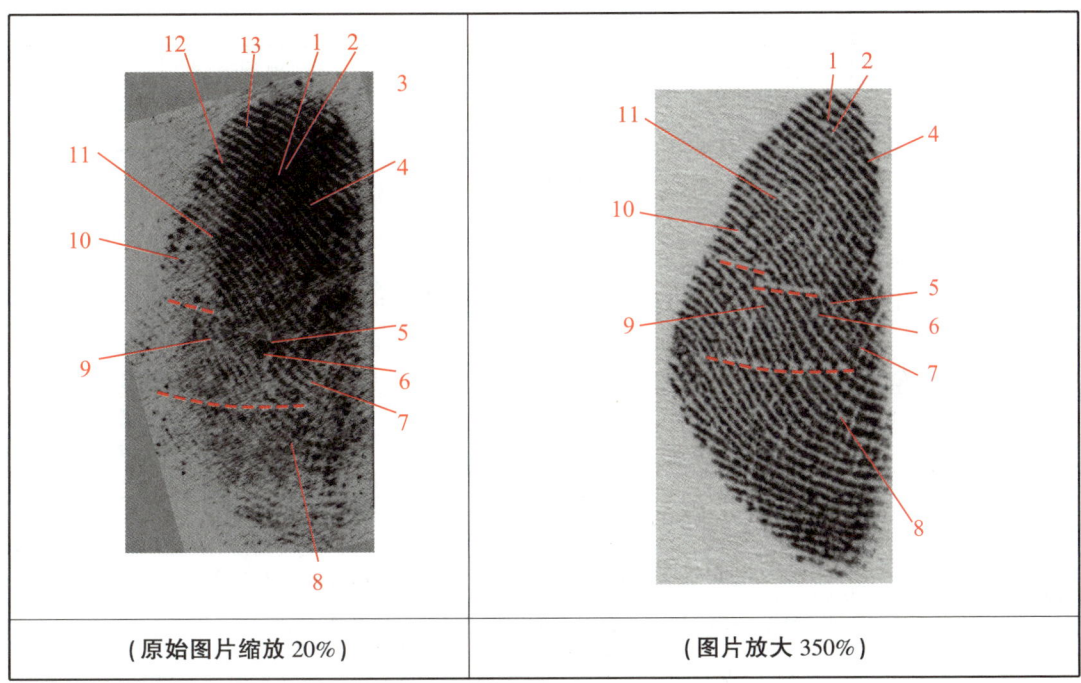

| （原始图片缩放 20%） | （图片放大 350%） |

注：图中检材指印图片经过对比度加强处理。

制作人：×××　　　　制作时间：××××年××月××日至××××年××月××日

审核人：×××　　　　审核时间：××××年××月××日

Word 文档操作界面

【拓展知识】

任务4　综合评断

【建议学时】2 学时。

【任务要求】通过手印特征数量与质量的综合权衡，结合指印的形成要素，准确分析判断遗留客体是否同一。具体流程如下：

序号	工作步骤	要求	时间分配	备注
步骤1	特征点梳理	能够准确全面地标记特征	45 min	
步骤2	特征点评价	能够客观合理地解释特征价值		

续表

序号	工作步骤	要求	时间分配	备注
步骤3	综合分析得出意见	综合分析，系统鉴定的能力	45 min	

表 4-10

【任务内容】

步骤一：特征点梳理。

实际工作中无论是否为同一的手印，尤其是残缺或模糊手印，都会存在一定的符合点与差异点，这两者是必然共存的。我们需要一一将它们整理归纳，根据一定的要求梳理出有价值或有意义的特征点。以这些特征的符合或差异作为判断的主要依据。

步骤二：特征点分析评价。

将比较检验环节的检验结果作为主要分析对象。

符合点的来源及其性质	同一人同一手的同一部位所反映的同一特征（本质性符合）	
	不同手或同一手不同部位的少数特征的偶然相符（非本质性符合）	
	某些因素所引起的少数特征的巧合（非本质性符合）	
差异点的来源及其性质分析	两个不同手或同一手的不同部位所反映的不同特征（本质性差异）	
	手印形成过程中其他复杂因素的作用而形成的部分特征的歪曲（非本质性差异）	
	处理手印（显现、提取、固定、包装、运送等）过程引起的部分特征的改变（非本质性差异）	
	手印形成后，手或承受客体本身的变化所引起的特征变化（非本质性差异）	
引起特征变化的因素及其程度（右侧是常见的变化因素，实践中要结合具体情况分析）	由于皮肤的特点和形成手印的机械作用所引起的特征变化	花纹形状的变化
		纹线弯曲度的变化
		纹线倾斜度的变化
		纹线粗细、间隔的变化
		中心和三角的变化
		纹线的细节特征、形态结构的变化
		细节特征数量的变化
		屈肌褶纹、皱纹的变化
		伤疤的变化

		续表
	留有手印物体性状的影响引起特征的变化	物体外形影响（棱角、凹凸）
		物体表面倾斜程度影响（压力变化、滑动）
		物体表面光滑程度影响（粗糙、污染）
		物体的弹性及可塑性影响（反比）
	形成手印物质的影响	液体、半固体、固体
	显现、固定、提取、保管、运输的影响	显现药液浓淡
		毛刷软硬、用力大小、方向
		翻拍角度、光照角度
		提取、固定操作不当
		运送固定不当
	捺印操作不当对样本手印的影响	手的清洁度
		油墨质量
		捺印动作和压力
	手印形成后，手本身的变化对样本手印的影响	生长发育变化
		季节变化
		劳动条件变化
		疾病、外伤的变化
		人为的改变

表 4-11

步骤三：综合分析得出意见。

1. 通过科学实验解释手印特征的矛盾。

（1）实验的意义。

（2）实验方法和步骤：①拟定实验计划；②创造与现场遗留手印相接近的条件；③模拟现场位置、姿势和动作捺印实验样本；④做好实验记录。

2. 根据手印特征矛盾的性质作出鉴定意见。

（1）作出认定同一的鉴定意见，应同时满足以下条件：①检材指印与样本指印的符合特征总体价值高，其特征总和充分反映了同一人同一手指留印的特点；②检材指印与样本指印没有本质性的差异特征；③检材指印与样本指印差异特征或变化特征能够得到合理解释。

（2）作出否定同一的鉴定意见，应同时满足以下条件：①检材指印与样本各指印的差异特征总体价值高，其特征总和充分反映了不同人手指留印的特点；②检材指印与样本各指印没有本质性的符合特征组合。

（3）作出无法判断的鉴定意见，应满足以下条件之一：①检材指印不具备鉴定条件的；②样本指印不具备比对条件的；③根据检材指印与样本指印的特征反映情况，不能认定同一或否定同一的。

3. 鉴定意见的表述。指印同一性鉴定意见应针对鉴定要求，根据捺印人情况、检材状态、鉴定意见的种类及其他情况分别进行表述，鉴定意见表述应客观、全面、准确、简明扼要。

鉴定意见的种类	检材状态	捺印人情况	鉴定意见的表述
认定同一	手指捺印形成	明确	检材指印是某人某手指（具体部位）所留
认定同一	手指捺印形成	不明确	检材指印与样本指印是同一人手指所留
认定同一	不是手指捺印形成	明确	检材指印是出自某人某手指（具体部位）
认定同一	不是手指捺印形成	不明确	检材指印与样本指印是出自同一人手指
否定同一	手指捺印形成	明确	检材指印不是某人手指所留
否定同一	手指捺印形成	不明确	检材指印与样本指印不是同一人手指所留
否定同一	不是手指捺印形成	明确	检材指印不是出自某人手指
否定同一	不是手指捺印形成	不明确	检材指印与样本指印不是出自同一人手指
无法判断	手指捺印形成	明确	无法判断检材指印是否为某人手指所留
无法判断	手指捺印形成	不明确	无法判断检材指印与样本指印是否为同一人手指所留
无法判断	不是手指捺印形成	明确	无法判断检材指印是否出自某人手指
无法判断	不是手指捺印形成	不明确	无法判断检材指印与样本指印是否出自同一人手指

表 4-12

任务 5 制作手印鉴定意见书

【建议学时】4 学时。

【任务要求】通过完成手印检验流程，根据司法鉴定技术规范及司法鉴定意见书的编写要求，制作完整的司法鉴定意见书，完成手印鉴定。具体流程如下：

序号	工作步骤	要求	时间分配	备注
步骤 1	基础资料准备	对鉴定材料进行初步处理与整理	45 min	
步骤 2	图表制作	准确制作特征比对表等附件	45 min	
步骤 3	编写鉴定意见书	掌握司法鉴定技术规范，编写完整的司法鉴定意见书	90 min	

表 4-13

【**任务背景**】报案人王刚、刘芳称李四虚构借款及抵押事实进行虚假诉讼,公安机关调查发现,本案所涉的《担保承诺》为关键证据。为查清案件事实,公安机关将要求鉴定《担保承诺》上"刘芳"签名处指印是否为刘芳手指捺印形成。

【**任务资料**】详见电子附件。

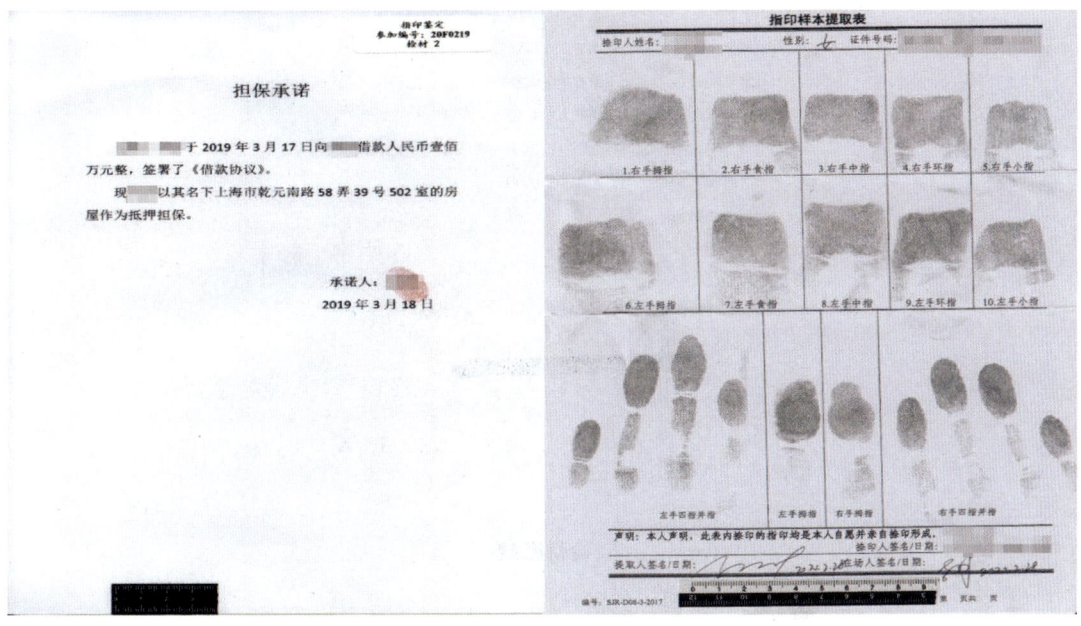

| 检材概貌图 | 样本概貌图 |

【**任务内容**】

步骤一:基础资料准备。

实际工作中委托主体有所区别,鉴定对象的来源及采集方式会有较大不同,鉴定材料的基础准备工作因此也会有所差异,但是手印鉴定的流程基本一致。

1. 根据委托事项编制登记案件基本信息表,包括委托人、委托时间、委托科目、委托材料等。

2. 鉴定资料的采集。方式有拍照、扫描、复印等。

3. 检验处理。从初步检验到深入检验,判断形成方式,强化处理模糊指印等。

步骤二:图表制作。

1. 制作附图。制作检材及样本等材料的图表,并对每份材料进行编号标记。

附图：

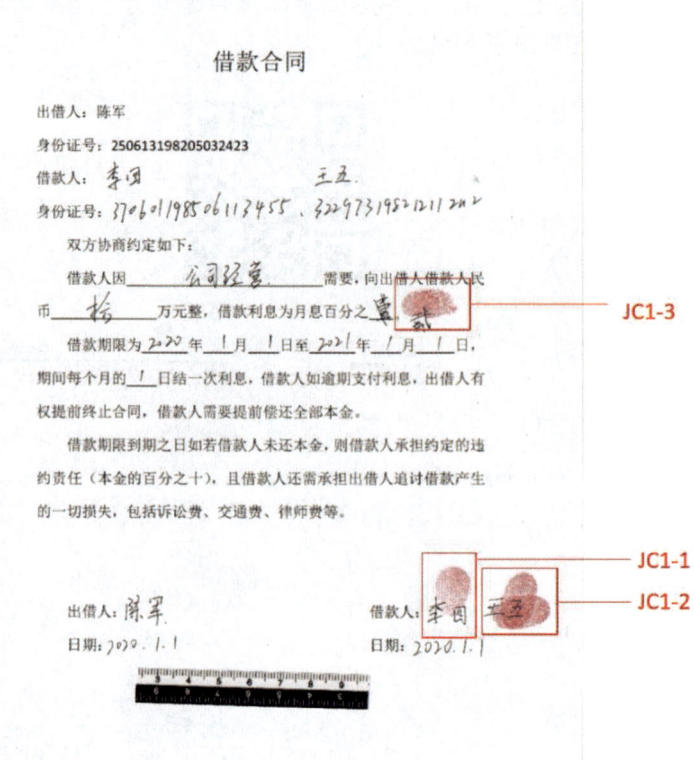

检材概貌

2. 制作《指印特征比对表》。

指 印 特 征 比 对 表

××鉴[××××]痕鉴字第××号

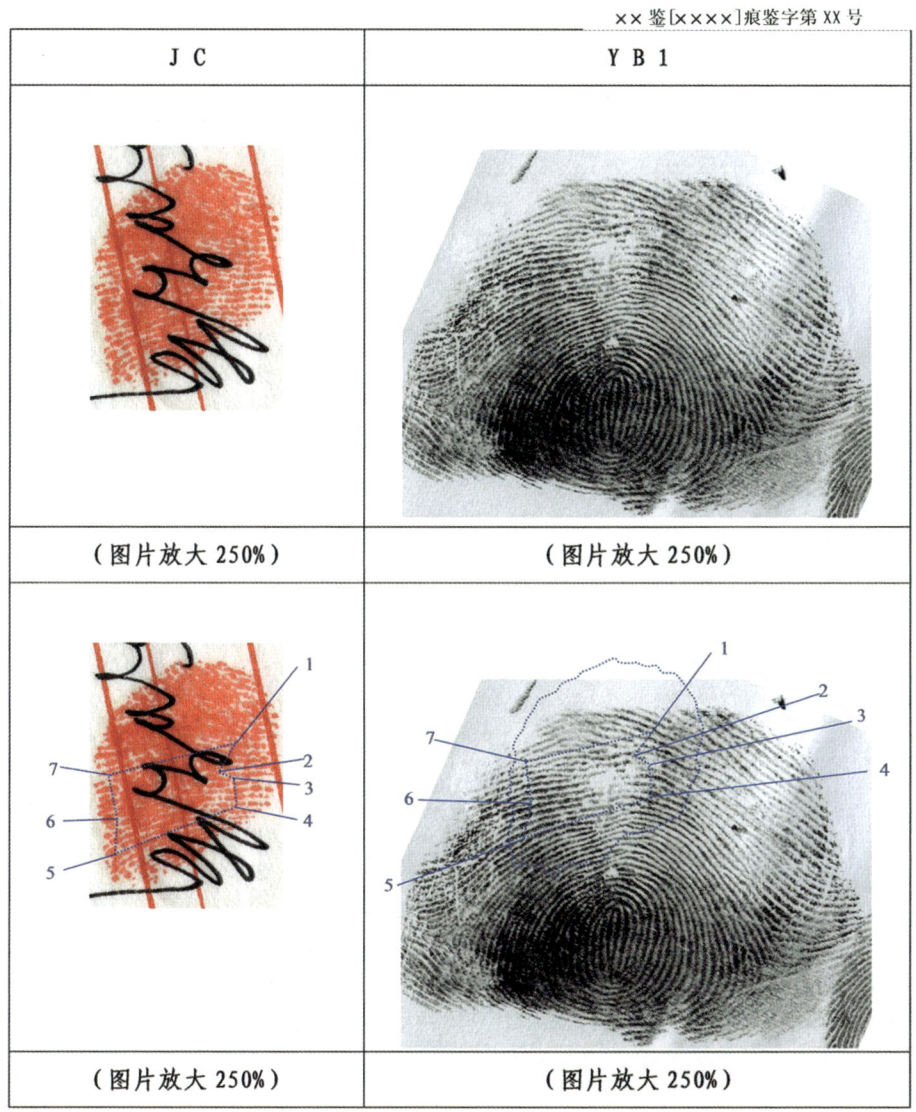

注：1. 为了与检材红色指印相区别，故将红色标识改为蓝色标识。
　　2. 样本中蓝色轮廓虚线代表与检材重叠区域，蓝色直线型虚线代表各特征点相互位置关系，但由于检材与样本的按压方向及方式不同，因此显示区域的相对位置角度有所偏差。
制作人：×××　　制作时间：××××年××月××日至××月××日
审核人：×××　　审核时间：××××年××月××日

步骤三：编写鉴定意见书。

1. 基本原则：客观、全面、科学。
2. 基本要求：结构严谨、层次分明；描述客观、准确简练；根据充分、全面论证；令人信服、实物佐证；严肃美观、符合规范。
3. 意见书组成：由文字部分和图片部分组成，两者互为印证，互相补充，缺一不可。

			意见书组成
意见书	文字部分	1. 绪论	收检日期、送检单位、送检人、简要案情、检材名称、种类、数量、提取方法、载体及包装、运输情况；样本的来源、收取方法、数量、指位（或掌位）、所属姓名、鉴定要求（解决什么问题）
		2. 检验部分	主要是反映检验的方法、手段的全过程，记录检验所见和实验结果：①检验仪器；②手印处理；③手印概貌；④手印细节；⑤比对检验的描述；⑥检验实验的描述
		3. 论证部分	对符合点、差异点进行评断论证，论证其本质及不可重复性
		4. 意见部分（言简意赅）	送检的现场手印是×××人×手×指所留
		5. 落款	文字部分最后一段是鉴定人、复核人签字，盖章，注明职称。鉴定书制作日期加盖司法鉴定专用章后生效
	图片部分	1. 附图	①手印在现场所在的位置 ②现场手印和样本手印的全貌
		2. 图表	特征比对照片

表 4-14

【**任务作业**】根据资料检验后完成下面的《司法鉴定意见书》。

_____司法鉴定所
司法鉴定意见书

_____鉴【　　】痕鉴字第_____号

一、基本情况
委托单位：
委托鉴定事项：

受理日期：_____年____月____日
鉴定材料：
检材：

样本：

鉴定日期：_____年____月____日-_____年____月____日
鉴定地点：_____司法鉴定所
二、基本案情

三、鉴定过程
依据：

设备：

（一）分别检验
检材检验：

样本检验：

手印鉴定技术

（二）比对检验

四、分析说明

五、鉴定意见

六、附件
1.
2.

司法鉴定人：×××
《司法鉴定人执业证》证号：_____
司法鉴定人：×××
《司法鉴定人执业证》证号：_____
_____年___月___日

（说明：本司法鉴定意见书各页之间加盖司法鉴定机构的司法鉴定专用章红印，作为骑缝章）

【拓展知识】

慈四叨臬寄，他无寸长，独于狱案，审之又审，不敢萌一毫慢易心。若灼然知其为欺，则亟与驳下；或疑信未决，必反复深思，惟恐率然而行，死者虚被捞漉。[1]

——【南宋】法医学家 宋慈

模块五

手印鉴定实训

1. 项目背景及任务：手印鉴定作为司法鉴定的重要技术领域，要求专业鉴定人员严格遵循法律法规，运用系统化专业知识和先进技术手段对案件手印进行科学甄别。本实训通过构建真实鉴定场景，任务驱动，帮助学习者系统认知手印鉴定的规范化程序与行业技术标准，深度掌握手印鉴定的技术原理与实操方法，有效培养检材手印和样本手印的客观分析能力，最终具备独立完成规范化手印鉴定文书的核心技能。

2. 知识目标：系统掌握手印检验鉴定的基本理论体系、专业技术规范及实施细则，全面了解司法鉴定程序通则及相关法律框架，深入认知鉴定人职业道德规范与实验室安全管理规程，精准把握各类手印鉴定案件的标准化作业流程，以及司法鉴定意见书制作的法定格式与证据效力要求。

3. 能力目标：能够熟练运用行业技术标准，精准实施手印检验鉴定的标准化操作流程及多元化技术方法，具备科学评估送检材料完整性的专业判断力，系统掌握检材与样本手印性状分析、仪器设备使用、特征比对图谱制作等核心技能，形成严谨的检验记录规范与科学的鉴定意见论证能力，最终独立制作规范化司法鉴定文书。

4. 素质目标：培育践行社会主义核心价值观，恪守司法公正原则与职业伦理规范，强化法治思维与社会责任意识，塑造精益求精的工匠精神与质量管控理念，培养客观、规范、严谨的工作作风与团队协作能力，全面提升学习者的职业操守与专业形象。

5. 建议学时：本实训模块建议采用课后实践模式开展，通过任务驱动式训练达成教学目标，建议不作为独立授课单元安排理论学时。

---

[1] 释义：宋慈四任提刑，没有什么其他特长，唯独对于断案，慎重地反复审核，不敢萌生一丝一毫的轻慢懈怠之心。如果明确发现案情中存在欺诈行为，就立即驳回；有时案情是信是疑难以决断，也一定要反复深思找出答案，生怕草率行事，让死者白白地被翻动检验。

项目一 常规手印鉴定实训

任务 1 正常手印鉴定案例一（认定结论）

【建议学时】2 学时。

【任务要求】通过该任务，使学生面对常规手印鉴定案例，能够正确受理案件，客观分析检材手印的检验鉴定条件和样本手印的比对条件，熟练应用手印鉴定的技术手段和方法，科学分析评判手印特征价值，并能独立规范制作手印特征比对表和手印鉴定意见书。具体流程如下：

序号	工作步骤	要求	时间分配	备注
步骤 1	受理案件	了解基本案情，明确鉴定要求，确定是否受理案件，受理过程严谨规范，具备法律意识、规范意识、质量意识	5 min	
步骤 2	分别检验	对检材和样本进行检验分析，检验过程客观准确	10 min	
步骤 3	比较检验	将检材指印和样本指印进行比对检验，比对方法和过程要科学严谨	20 min	
步骤 4	制作特征比对表	要遵守技术规范	25 min	
步骤 5	撰写司法鉴定意见书	要求格式规范，语言简洁	30 min	

表 5-1

【任务资料】

案件背景	在某地人民法院审理的一起建筑工程施工合同纠纷案中，因诉讼需要，需查明涉案的签订时间为"2015.8.10"的《工程科目施工内部承包合同》中第 5 页落款"乙方：（公章）法定代理人：王某某"处押名指印是否为王某某所留。为查清案件事实，现人民法院依职权委托鉴定机构进行指印鉴定。 【说明：经专业人员确认，经质证的检材为原件，为高分辨率扫描图片（1200DPI）】。
送检材料	检材：签订时间为"2015.8.10"的《工程科目施工内部承包合同》第 5 页扫描图片 1 张，其上"乙方：（公章）法定代理人：王某某"署名字迹上的押名指印下称"检材指印"。 样本：2021 年 12 月 24 日王某某捺印的十指指印样本扫描图片 1 张，其上王某某十指平面捺印样本下称"样本指印"。 （见"送检材料"文件夹中名为"JC 第 1 页.jpg""YB.jpg"的图像文件）。

续表

鉴定要求	要求鉴定：标称签订时间为"2015.8.10"的《工程科目施工内部承包合同》中，第5页落款"乙方：（公章）法定代理人：王某某"处押名指印是否为王某某所留。
任务要求	1. 指印分析： （1）分析本案检材指印的指位、基本纹型、鉴定条件。 （2）分析本案样本指印的基本纹型、比对条件。 2. 指印鉴定： （1）制作指印特征比对表，并正确规范标识指印细节特征，能够正确描述指印细节特征名称。 （2）制作指印鉴定意见书，要求格式、语言、意见表述均规范，行文简练。
注意事项	1. 学习小组应尽可能全面地进行检验和分析，并附检材概貌/样本概貌、特征比对表等支撑材料。 2. 成绩评价依赖于学习小组反馈的信息，信息不充分将会影响最终的评价结果。 3. 任务所需附件内容请扫码下载。

表 5-2

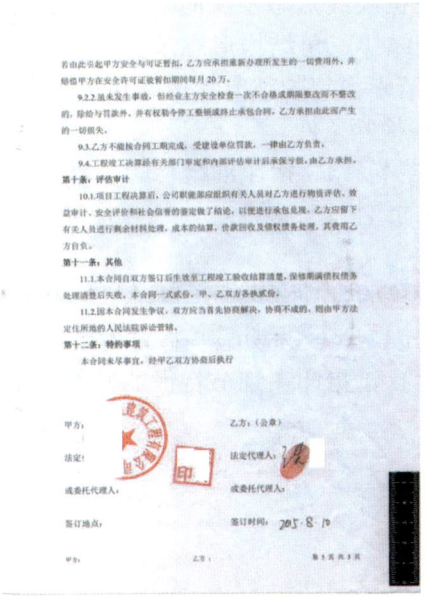

检材概貌

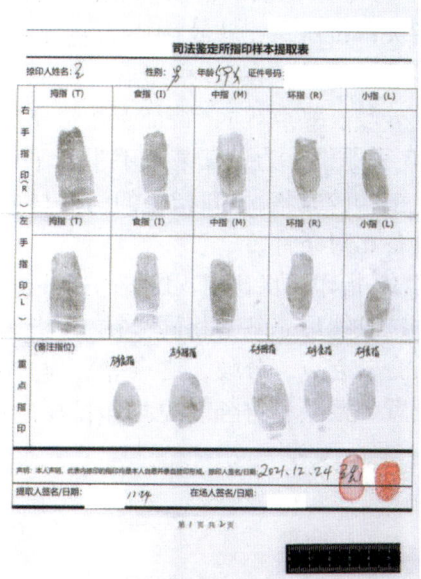

样本概貌

详见电子附件。

【任务内容】

1. 根据模块四"手印鉴定"项目一的指引,完成手印鉴定前的准备工作。
2. 根据模块四"手印鉴定"项目二的指引,完成手印检验鉴定工作。

(1) 对检材指印和样本指印进行初步检验,判断形成方式、遗留部位和形成质量。

(2) 对检材指印和样本指印进行分别检验,对手印种属特征进行分析,并标识手印细节特征。

(3) 对检材指印和样本指印进行比较检验,能够准确分析判断手印的种属特征和细节特征,并正确制作指印特征比对表。

(4) 对检材指印和样本指印进行综合评断,客观准确地分析评价特征点的数量和质量,客观合理地解释特征价值,并得出鉴定意见。

(5) 制作手印鉴定意见书。

【任务解析】 本案例难度较低,检材红色指印呈长椭圆形,位于第 5 页落款"乙方:(公章)法定代理人:王某某"签名字迹处,与字迹相交叠,指印色料较浓,纹线清晰。根据案件背景资料,检材形成方式无需质疑,经专业人员确认,经质证的检材为原件,JC 红色指印系捺印形成,JC 为高分辨率扫描图片(1200DPI)。经放大观察:JC 指印色料较均匀,乳突花纹纹线较清晰,根据纹线形态及流向判断,应为指头印中心至指尖部位所留,花纹中心为左旋螺形斗型纹,三角结构形态未反映,乳突花纹细节特征反映明显,在 JC 指印上可见 17 处反映清晰稳定的细节特征(包括小眼、结合、起点、分歧、终点等),特征点数量充足,具备检验条件。

YB 系原件,为王某某双手十指平面捺印样本。YB 指印油墨均匀,乳突花纹纹线清晰,结构较完整,YB 指印的结构与 JC 指印的结构较为一致,且 YB 指印特征反映明显,具备比对条件。

将 JC 指印与供比对 YB 指印逐一进行比对检验发现,JC 指印与 YB 右手食指指印相应部位纹线形态基本相同,在 JC 指印中找出 17 处较为明显、稳定的细节特征(小眼、结合、起点、分歧、终点等),与 YB 右手食指指印在细节特征的种类、形态及相互间位置关系上相符合(见指印特征比对表)。

指印特征比对表

案件编号

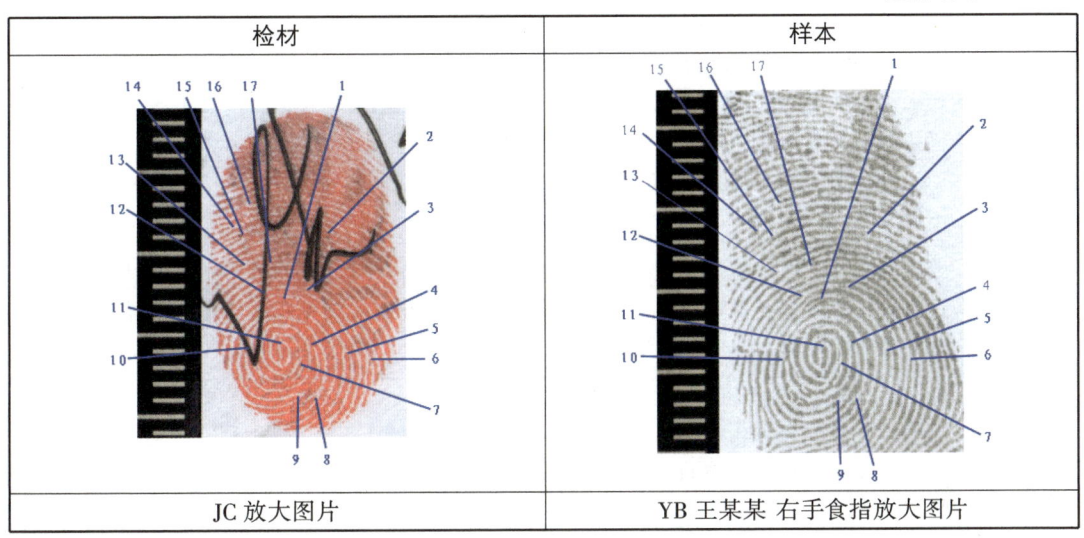

制作人：
审核人：

制作时间：20 年 月 日至20 年 月 日
审核时间：20 年 月 日

共 1 页第 1 页

根据人的指纹"人各不同，终生基本不变"的科学原理，JC 指印与供比对的王某某右手食指 YB 指印在指印中心部位的纹线形态相同，并且在细节特征的种类、形态及相互间位置关系上相符合，符合点数量较多，质量高，属本质性符合；差异点是由于指印的形成条件不同所致，属非本质性差异。因此，上述相同特征的总体价值反映了同一人同一指的指印特征，构成了认定同一的充分条件。

综上，标称签订时间为"2015.8.10"的《工程科目施工内部承包合同》中，第 5 页落款"乙方：（公章）法定代理人：王某某"处押名指印是王某某右手食指所留。

任务2　正常手印鉴定案例二（否定结论）

【建议学时】2 学时。
【任务要求】同项目一任务 1。
【任务资料】

案件背景	在某地人民法院审理的一起不当得利纠纷案中，因诉讼需要，需查明涉案的标称日期为"2018.6.21"的××（中国）集团有限公司××××联盟模式《转让协议》中，第 5 页落款处"张××"签名字迹下方 2 枚红色指印与张某某样本指印是否为同一人所留。为查清案件事实，现人民法院依职权委托鉴定机构进行指印鉴定。 【说明：经专业人员确认，经质证的检材为原件，为高分辨率扫描图片（1200DPI）】。

续表

送检材料	检材：标称日期为"2018.6.21"的××（中国）集团有限公司××××联盟模式《转让协议》封面和第 5 页扫描图片共 2 张，其上第 5 页落款处"张丑华"签名字迹下方的红色指印下称"JC-1""JC-2"。 样本：2023 年 12 月 8 日张某某捺印的十指指印样本扫描图片 1 张，其上张某某十指平面捺印样本下称"YB"。 （见"送检材料"文件夹中名为"JC-1.jpg""JC-2.jpg""YB-1.jpg""YB-2.jpg"的图像文件）。
鉴定要求	要求鉴定：标称日期为"2018.6.21"的××（中国）集团有限公司××××联盟模式《转让协议》中，第 5 页落款处"张××"签名字迹下方 2 枚红色指印与张某某样本指印是否为同一人所留。
任务要求	1. 指印分析： （1）分析本案检材指印的指位、基本纹型、鉴定条件。 （2）分析本案样本指印的基本纹型、比对条件。 2. 指印鉴定： （1）制作指印特征比对表，并正确规范标识指印细节特征，能够正确描述指印细节特征名称。 （2）制作指印鉴定意见书，要求格式、语言、意见表述均规范，行文简练。
注意事项	1. 学习小组应尽可能全面地进行检验和分析，并附检材概貌/样本概貌、特征比对表等支撑材料。 2. 成绩评价依赖于学习小组反馈的信息，信息不充分将会影响最终的评价结果。 3. 任务所需附件内容请扫码下载。

表 5-3

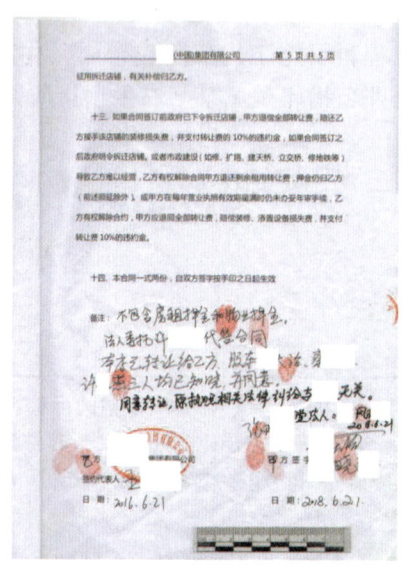

检材概貌

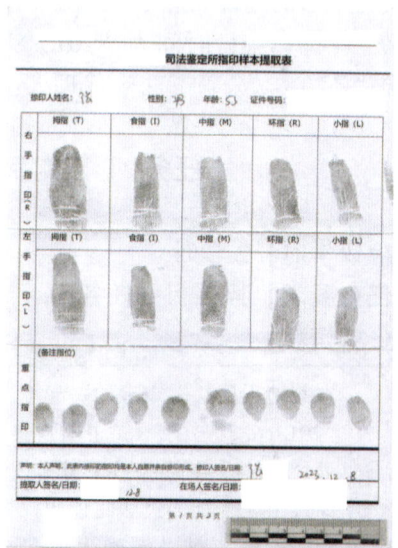

样本概貌

详见电子附件。

【任务内容】
1. 根据模块四"手印鉴定"项目一的指引,完成手印鉴定前的准备工作。
2. 根据模块四"手印鉴定"项目二的指引,完成手印检验鉴定工作。
(1) 对检材指印和样本指印进行初步检验,判断形成方式、遗留部位和形成质量。
(2) 对检材指印和样本指印进行分别检验,对手印种属特征进行分析,并标识手印细节特征。
(3) 对检材指印和样本指印进行比较检验,能够准确分析判断手印的种属特征和细节特征,并正确制作指印特征比对表。
(4) 对检材指印和样本指印进行综合评断,客观准确地分析评价特征点的数量和质量,客观合理地解释特征价值,并得出鉴定意见。
(5) 制作手印鉴定意见书。

【任务解析】本案例难度较低,检材第5页纸张较为平整无污染,检材2枚待检红色指印均呈长椭圆形。

JC-1 红色指印位于落款"张某某"签名字迹下方,与手写字迹无交叠,色料较均匀。经深入检验:JC-1 指印色料较均匀,将 JC-1 指印顺时针旋转180°至指尖向上,根据纹线形态及流向判断,应为指头印中心至指尖部位所留,JC-1 指印中心花纹为顺时双箕斗型纹,三角结构形态未反映,JC-1 指印乳突花纹纹线清晰,乳突花纹细节特征反映明显,在 JC-1 指印上找到20处较清晰稳定的细节特征(包括起点、终点、分歧、结合等),特征点数量多,具备检验条件。

JC-2 红色指印位于落款"甲方"字迹处,指印与"甲"字相交叠。经深入检验:JC-2 指印色料较均匀,根据纹线形态及流向判断,应为指头印中心上部至指尖部位所留,JC-2 指印指尖部位纹线呈左高右低分布,中心花纹未完整反映,三角结构形态未反映,JC-2 指印乳突花纹纹线较清晰,乳突花纹细节特征反映较明显,在 JC-2 指印上找到16处较清晰稳定的细节特征(包括起点、终点、分歧、结合等),特征点数量多,具备检验条件。

YB 系原件,为张某某双手十指平面捺印和三面捺印样本。YB 指印油墨均匀,乳突花纹纹线清晰,结构完整,YB 指印的结构与 JC 指印的结构较为一致,特征反映明显,具备比对条件。

将 JC-1 指印与供比对张丑华 YB 指印逐一进行比对发现:JC-1 指印中心花纹清晰,为顺时双箕斗型纹,供比对张某某 YB 指印中没有这种类型的中心花纹,且在 JC-1 指印中找出20处反映稳定的细节特征(结合、起点、终点、分歧等),但在张某某

YB 所有指印中均未找到与 JC-1 指印相应部位细节特征种类、形态及相互间位置关系相符合的指印，且差异较为明显（见指印特征比对表一）。

指印特征比对表一

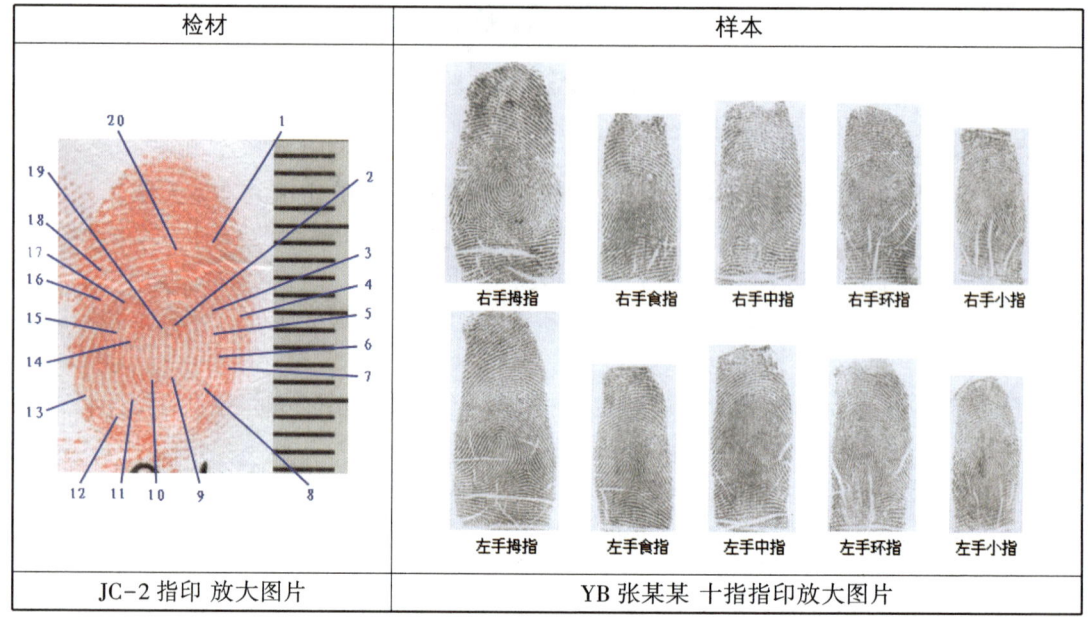

附件2：共2页第1页

将 JC-2 指印与供比对张某某 YB 指印逐一进行比对发现：在 JC-2 指印中找出 16 处反映稳定的细节特征（结合、起点、终点、分歧等），但在张某某 YB 所有指印中均未找到与 JC-2 指印相应部位细节特征种类、形态及相互间位置关系相符合的指印，且差异较为明显（见指印特征比对表二）。

指印特征比对表二

案件编号

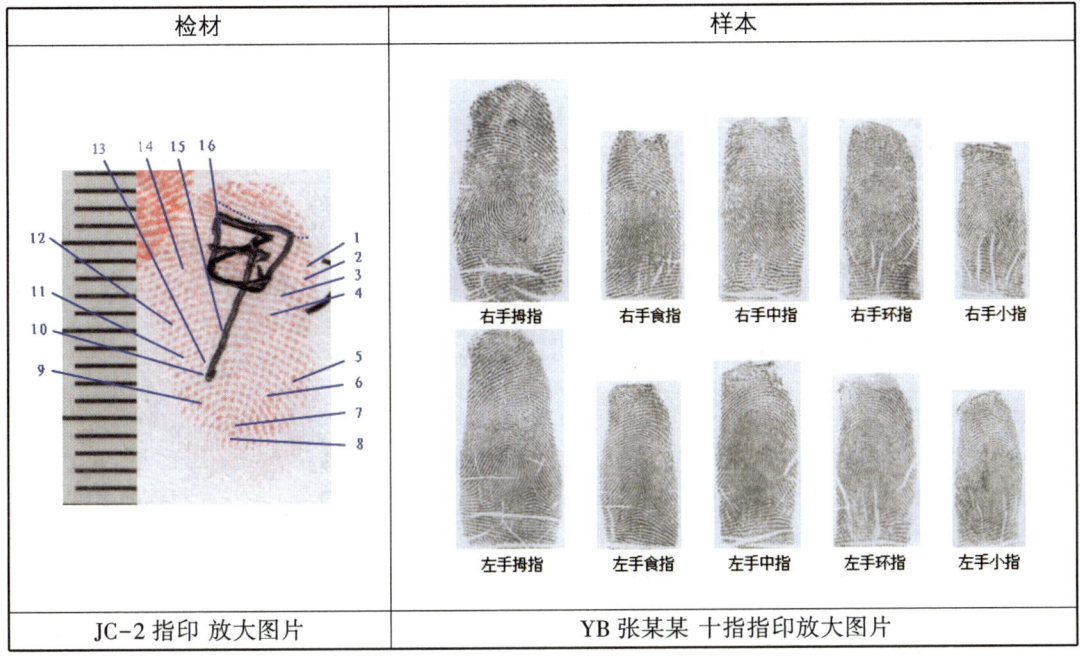

制作人：	制作时间：20　年　月　日至20　年　月　日
审核人：	审核时间：20　年　月　日

附件2：共2页第1页

JC-1指印与张某某YB指印在细节特征的种类、花纹形态及相互间位置关系上均差异明显，属本质性差异。上述差异特征的总体价值充分反映了不同人手指留印的特点，构成了否定同一的充分条件。

JC-2指印与张某某YB指印在细节特征的种类、花纹形态及相互间位置关系上均差异明显，属本质性差异。上述差异特征的总体价值充分反映了不同人手指留印的特点，构成了否定同一的充分条件。

综上，标称日期为"2018.6.21"的××（中国）集团有限公司××××联盟模式《转让协议》中，第5页落款处"张某某"签名字迹下方2枚红色指印均不是张某某手指所留。

任务3　正常手印鉴定案例三（无法判断）

【建议学时】1学时。

【任务要求】同项目一任务1。

【任务资料】

案件背景	在某地人民法院审理的一起房屋租赁合同纠纷案中，因诉讼需要，需查明涉案的标称签订日期为"二〇二一年三月十九日于××××"的《协议书》中，落款"丙方：陈某"签名处红色指印是否为陈某所留。为查清案件事实，现人民法院依职权委托鉴定机构进行指印鉴定。 【说明：经专业人员确认，经质证的检材为原件，为高分辨率扫描图片（1200DPI）】。
送检材料	检材：标称签订日期为"二〇二一年三月十九日于××××"的《协议书》扫描图片1张，其落款"丙方：陈某"签名字迹上的押名指印下称"检材指印"。 样本：2023年2月28日，于××××人民法院现场提取陈某双手十指指印样本扫描图片1张，其上陈某十指平面捺印样本下称"样本指印"。 （见"送检材料"文件夹中名为"检材.jpg""样本.jpg"的图像文件）。
鉴定要求	要求鉴定：标称签订日期为"二〇二一年三月十九日于××××"的《协议书》中，落款"丙方：陈某"签名处红色指印是否为陈某所留。
任务要求	1. 指印分析： (1) 分析本案检材指印的指位、基本纹型、鉴定条件。 (2) 分析本案样本指印的基本纹型、比对条件。 2. 指印鉴定： (1) 制作指印特征比对表，并正确规范标识指印细节特征，能够正确描述指印细节特征名称。 (2) 制作指印鉴定意见书，要求格式、语言、意见表述均规范，行文简练。
注意事项	1. 学习小组应尽可能全面地进行检验和分析，并附检材概貌/样本概貌、特征比对表等支撑材料。 2. 成绩评价依赖于学习小组反馈的信息，信息不充分将会影响最终的评价结果。 3. 任务所需附件内容请扫码下载。

表 5-4

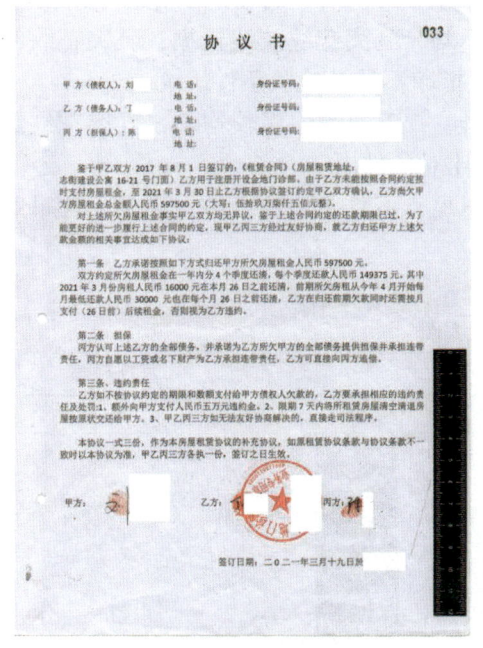
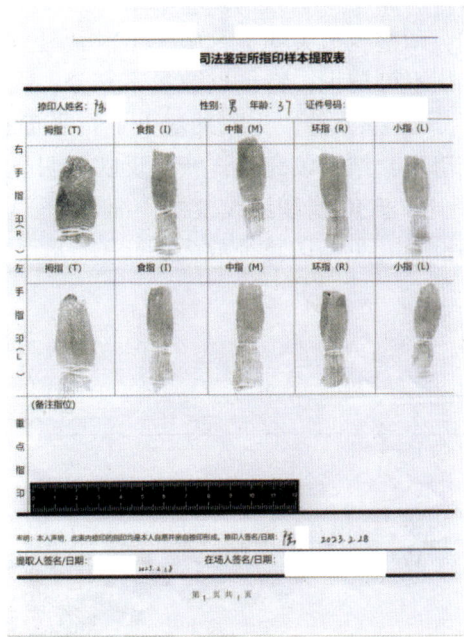

检材概貌　　　　　　　　　　　　　　　样本概貌

详见电子附件。

【任务内容】
1. 根据模块四"手印鉴定"项目一的指引，完成手印鉴定前的准备工作。
2. 根据模块四"手印鉴定"项目二的指引，完成手印检验鉴定工作。
（1）对检材指印和样本指印进行初步检验，判断形成方式、遗留部位和形成质量。
（2）对检材指印和样本指印进行分别检验，对手印种属特征进行分析，并标识手印细节特征。
（3）对检材指印和样本指印进行比较检验，能够准确分析判断手印的种属特征和细节特征，并正确制作指印特征比对表。
（4）对检材指印和样本指印进行综合评断，客观准确地分析评价特征点的数量和质量，客观合理地解释特征价值，并得出鉴定意见。
（5）制作手印鉴定意见书。

【任务解析】本案例难度较低，JC 红色指印位于落款"丙方：陈某"字迹处，与"陈某"二字相交叠。经深入检验，发现 JC 红色指印呈长椭圆形，无复制方式特征反映,系捺印形成。根据红色指印形态分析,判断指尖朝右,将 JC 指印逆时针旋转 90 度,调整至指尖朝上,由于 JC 指印色料浓淡不均,乳突花纹纹线模糊,乳突花纹细节特征不可辨识,特征点数量不充分,因此,JC 指印不具备检验条件。

YB 系原件,为陈某双手十指平面捺印样本。YB 指印油墨较均匀,乳突花纹纹线较清晰,结构较完整,特征反映较明显,具备比对条件。

由于 JC 指印纹线模糊,细节特征点数量不足,不具备检验条件,因此无法进行比对检验(见指印特征放大图)。

指印特征放大图

案件编号

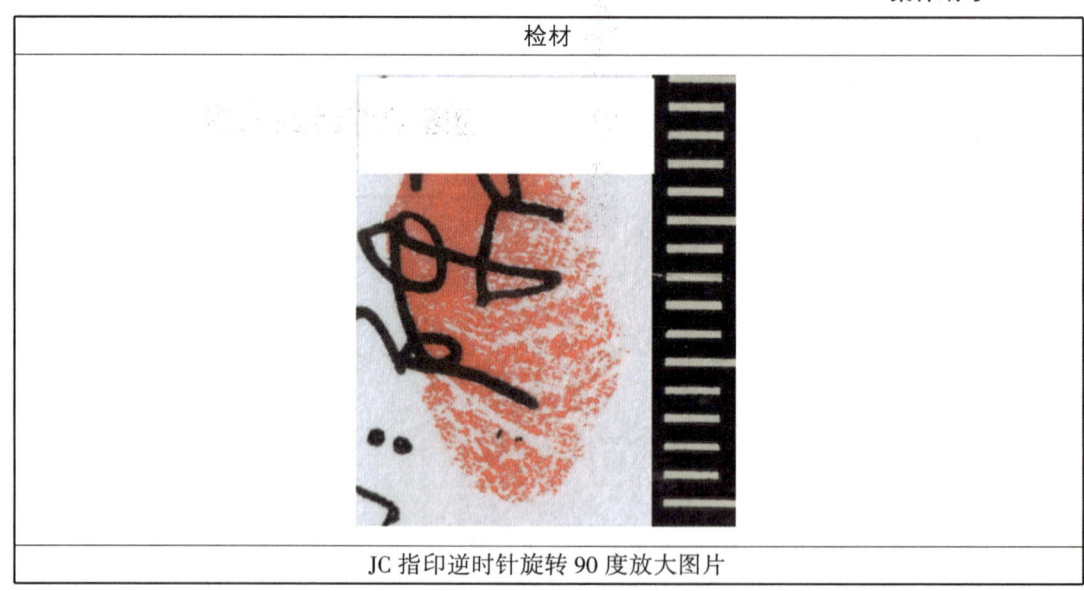

JC 指印逆时针旋转 90 度放大图片

制作人:　　　　　　　　　　制作时间:20　年　月　日至20　年　月　日
审核人:　　　　　　　　　　审核时间:20　年　月　日

附件1:　　共1页第1页

由于 JC 指印纹线模糊,可辨识细节特征点数量不足,不具备检验条件,因此无法判断 JC 指印与陈某样本指印是否为同一人捺印。

综上,无法判断标称签订日期为"二〇二一年三月十九日于××××"的《协议书》中,落款"丙方:陈某"签名处红色指印是否为陈某所留。

项目二 疑难手印鉴定实训

任务 1 残缺手印鉴定案例

【建议学时】 2 学时。

【任务要求】 通过该任务，使学生面对疑难手印鉴定中的残缺手印鉴定案例，能够正确判断是否具备受案条件，客观分析检材手印的检验鉴定条件和样本手印的比对条件，能够准确判断并调整指尖朝向，采用正确的手印鉴定技术手段和方法，科学分析评判特征价值，独立规范制作手印特征比对表和手印鉴定意见书。具体流程同项目一任务 1。

【任务资料】

案件背景	在某地人民法院审理的一起合同纠纷案中，因诉讼需要，需查明涉案的标称日期为"2016 年 2 月 3 日"、合同编号为"SDCDYFDB201607XX 号"的《动产抵押反担保合同（第三人提供反担保适用）》中，其第 6 页落款"法定代表人：张熙某"签名处红色指印是否为张熙某所留。为查清案件事实，现人民法院依职权委托鉴定机构进行指印鉴定。 【说明：经专业人员确认，经质证的检材为原件，为高分辨率扫描图片（1200DPI）】。
送检材料	检材：标称日期为"2016 年 2 月 3 日"、合同编号为"SDCDYFDB20160XX 号"的《动产抵押反担保合同（第三人提供反担保适用）》原件一份，共 6 页，其第 6 页落款"法定代表人：张熙某"签名处红色指印为待检指印，简称 JC。 样本：2023 年 3 月 9 日张熙某捺印的十指指印样本扫描图片 2 张，其上张熙某十指平面捺印样本下称"样本指印"。 （见"送检材料"文件夹中名为"检材.jpg""样本.jpg"的图像文件）。
鉴定要求	要求鉴定：送检的 JC 中第 6 页落款"法定代表人：张熙某"签名处红色指印是否为张熙某所留。
任务要求	1. 指印分析： （1）分析本案检材指印的指位、基本纹型、鉴定条件。 （2）分析本案样本指印的基本纹型、比对条件。 2. 指印鉴定： （1）制作指印特征比对表，并正确规范标识指印细节特征，能够正确描述指印细节特征名称。 （2）制作指印鉴定意见书，要求格式、语言、意见表述均规范，行文简练。

注意事项	1. 学习小组应尽可能全面地进行检验和分析，并附检材概貌/样本概貌、特征比对表等支撑材料。 2. 成绩评价依赖于学习小组反馈的信息，信息不充分将会影响最终的评价结果。 3. 任务所需附件内容请扫码下载。

表 5-5

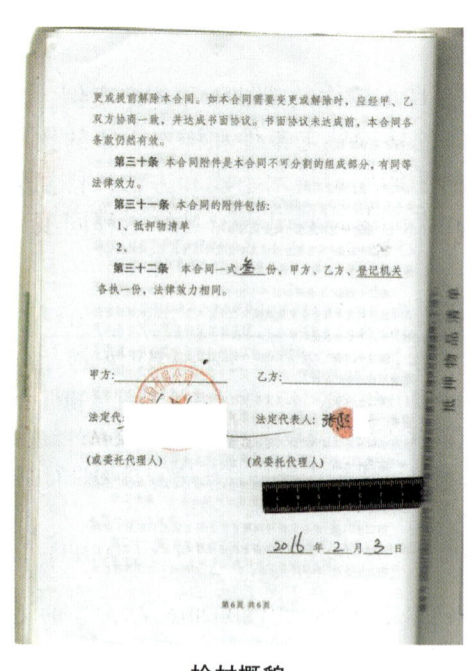

检材概貌

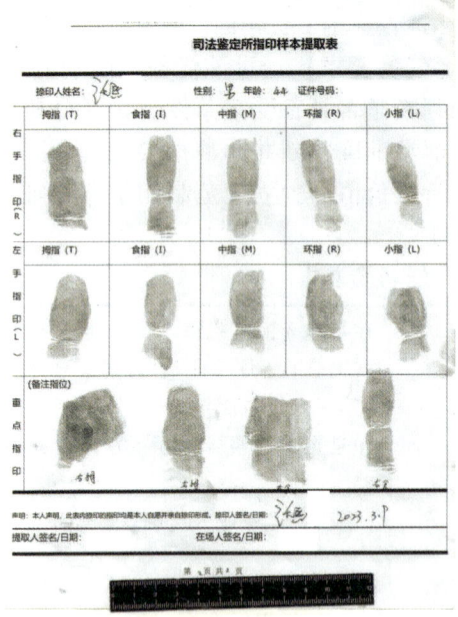

样本概貌

详见电子附件。

【任务内容】

1. 根据模块四"手印鉴定"项目一的指引，完成手印鉴定前的准备工作。
2. 根据模块四"手印鉴定"项目二的指引，完成手印检验鉴定工作。
（1）对检材指印和样本指印进行初步检验，判断形成方式、遗留部位和形成质量。
（2）对检材指印和样本指印进行分别检验，对手印种属特征进行分析，并标识手印细节特征。
（3）对检材指印和样本指印进行比较检验，能够准确分析判断手印的种属特征和细节特征,并正确制作指印特征比对表。

(4)对检材指印和样本指印进行综合评断,客观准确地分析评价特征点的数量和质量,客观合理地解释特征价值,并得出鉴定意见。

(5)制作手印鉴定意见书。

【任务解析】本案例检材指印留痕面积较小,无中心花纹反映,系残缺手印,因此难度较大。检材红色指印呈圆形,位于第6页落款"法定代表人:张熙某"签名字迹处,指印与字迹相交叠。经深入检验,发现JC红色指印无复制方式特征反映,系捺印形成。指印色料较均匀,乳突花纹较清晰,根据纹线形态及流向判断,应为指头中心上方至指尖部位所留,未反映出指印中心及三角结构形态,根据纹线粗细及边缘清晰程度判断指印朝向,将JC指印顺时针旋转90度,调整为指尖朝上,乳突花纹细节特征反映较清晰,可辨识起点、终点、结合点、小棒、小勾等乳突花纹细节特征21个,特征点数量充足,具备检验条件。

YB系原件,为张熙某双手十指指印样本,系实验样本。YB指印油墨较均匀,乳突花纹纹线较清晰,结构较完整,特征反映较明显,具备比对条件。

将JC顺时针旋转90度,调整JC指印指尖朝上,将JC指印与供比对YB指印逐一进行比对发现:在JC指印中找出21处反映稳定的细节特征(起点、结合点、小棒、终点、小勾等),但在YB所有指印中均未找到与JC指印相应部位细节特征种类、形态及相互间位置关系相符合的指印,且差异较为明显(见指印特征比对表)。

指印特征比对表

案件编号

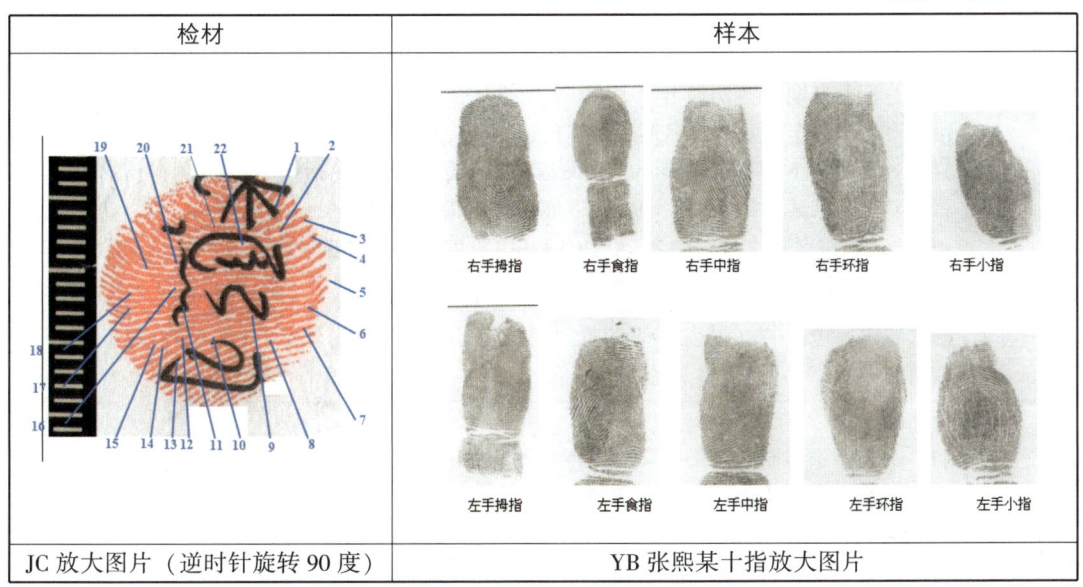

检材	样本
JC放大图片(逆时针旋转90度)	YB张熙某十指放大图片

制作人:　　　　　　　　　　　　制作时间:20　年　月　日至20　年　月　日

审核人:　　　　　　　　　　　　审核时间:20　年　月　日

附件1:共1页第1页

JC 指印与张熙某样本指印在细节特征的种类、花纹形态及相互间位置关系上均存在明显差异，差异点数量多，质量高，属本质性差异。上述差异特征的总体价值反映了不同人捺印的特定性，构成否定同一的充分条件。

综上，标称日期为"2016年2月3日"、合同编号为"SDCDYFDB20160XX号"的《动产抵押反担保合同（第三人提供反担保适用）》中，其第6页落款"法定代表人：张熙某"签名处红色指印不是张熙某所留。

任务2 浅淡手印鉴定案例

【建议学时】 2学时。

【任务要求】 通过该任务，使学生面对疑难手印鉴定中的浅淡手印鉴定案例，能够正确判断是否具备受案条件，客观分析检材手印的检验鉴定条件和样本手印的比对条件，采用正确的手印鉴定技术手段和方法，增强手印纹线的反差对比度，科学分析评判特征价值，独立规范制作手印特征比对表和手印鉴定意见书。具体流程同项目一任务1。

【任务资料】

案件背景	在某地人民法院审理的一起合伙企业纠纷案中，因诉讼需要，需查明涉案的标称日期为"2013年4月17日"的《合伙经营协议》中，第三页落款"丙方：李某某"签名笔迹处红色指印是否为李某某所留。为查清案件事实，现人民法院依职权委托鉴定机构进行指印鉴定。 【说明：经专业人员确认，经质证的检材为原件，为高分辨率扫描图片（1200DPI）】。
送检材料	检材：标称日期为"2013年4月17日"的《合伙经营协议》扫描图片3张，其第3页落款"丙方：李某某"签名笔迹处红色指印为待检指印，简称JC。 样本：2018年8月22日于××市人民法院提取的李某某十指指印捺印样本扫描图片2张，其上李某某十指平面捺印样本下称"样本指印"。 （见"送检材料"文件夹中名为"JC-1.tif""JC-2.tif""JC-3.tif""YB-1.tif""YB-2.tif"的图像文件）。
鉴定要求	要求鉴定：送检的JC中第三页落款"丙方：李某某"签名处红色指印是否为李某某手指所留。
任务要求	1. 指印分析： (1) 分析本案检材指印的指位、基本纹型、鉴定条件。 (2) 分析本案样本指印的基本纹型、比对条件。 2. 指印鉴定： (1) 制作指印特征比对表，并正确规范标识指印细节特征，能够正确描述指印细节特征名称。 (2) 制作指印鉴定意见书，要求格式、语言、意见表述均规范，行文简练。

续表

注意事项	1. 学习小组应尽可能全面地进行检验和分析，并附检材概貌/样本概貌、特征比对表等支撑材料。 2. 成绩评价依赖于学习小组反馈的信息，信息不充分将会影响最终的评价结果。 3. 任务所需附件内容请扫码下载。

表 5-6

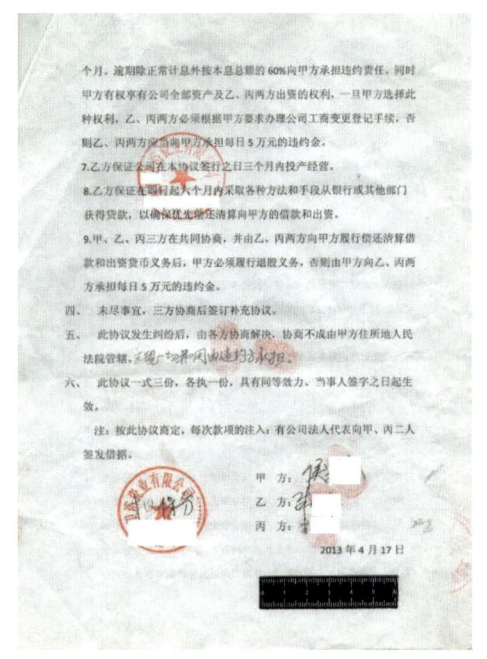

检材概貌

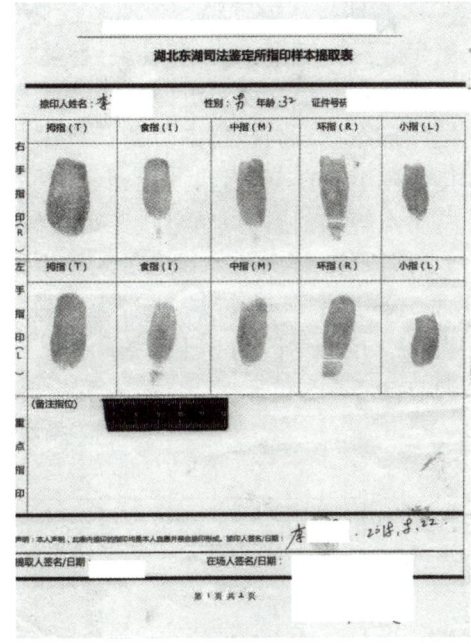

样本概貌

详见电子附件。

【任务内容】

1. 根据模块四"手印鉴定"项目一的指引，完成手印鉴定前的准备工作。
2. 根据模块四"手印鉴定"项目二的指引，完成手印检验鉴定工作。

（1）对检材指印和样本指印进行初步检验，判断形成方式、遗留部位和形成质量。

（2）对检材指印和样本指印进行分别检验，对手印种属特征进行分析，并标识手印细节特征。

（3）对检材指印和样本指印进行比较检验，能够准确分析判断手印的种属特征和细节特征，并正确制作指印特征比对表。

（4）对检材指印和样本指印进行综合评断，客观准确地分析评价特征点的数量和质量，客观合理地解释特征价值，并得出鉴定意见。

（5）制作手印鉴定意见书。

【任务解析】 本案例检材指印留痕面积适中，但色料较浅淡，因此难度较大。检材红色指印呈椭圆形，位于第三页落款"丙方：李某某"签名笔迹处，笔迹与指印相交叠。经深入检验，JC红色指印无印刷复制方式特征反映，系捺印形成。深入观察检验发现，JC指印按压力较轻，色料较淡，使用VSC6000/HS文痕检仪，选择强光源选项作为激发光源，观察JC指印乳突纹线发出荧光，增强了反差对比度，使乳突花纹纹线增强至较清晰，根据纹线流向及形态判断应为指印中心至指尖部位所留，未反映指印三角结构形态，乳突花纹细节特征反映较为明显，将JC指印顺时针旋转55度，使JC指印指尖朝上，在JC指印上找到较为明显、稳定的细节特征10个（包括终点、分歧点、结合点等），特征点数量较充足，具备检验条件。

YB系原件，为李某某捺印的双手十指平面及三面捺印样本，属于案后实验样本。YB捺印油墨较均匀，乳突花纹纹线较为清晰，结构较完整，特征反映明显，具备比对条件。

将JC指印分别与YB十指指印逐一进行比对，在JC指印中找出10处较为明显、稳定的细节特征，与供比对YB中右手食指指印细节特征相符合（见指印特征比对表）。

指印特征比对表

案件编号

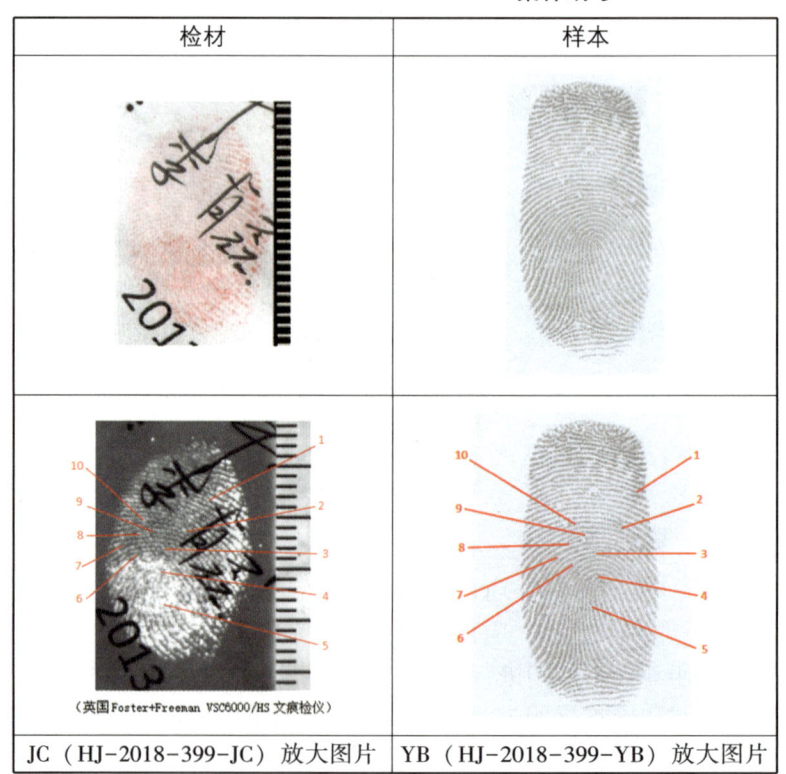

检材	样本
JC（HJ-2018-399-JC）放大图片	YB（HJ-2018-399-YB）放大图片

制作人：　　　　　制作时间：20　年　月　日至20　年　月　日
审核人：　　　　　审核时间：20　年　月　日

JC 指印与供比对 YB 中右手食指指印有 10 处较为明显、稳定的细节特征，在乳突花纹种类、形态及位置关系方面相符合，符合点数量较多，质量高，属本质性符合；差异点是由于检材指印形成方式及形成条件不同造成，属非本质性差异。因此，上述相同特征的总和反映了 JC 指印与供比对李某某样本右手食指指印具有较高一致性。

综上，标称日期为"2013 年 4 月 17 日"的《合伙经营协议》中，第三页落款"丙方：李某某"签名笔迹处的红色指印是李某某右手食指所留。

任务 3　模糊手印鉴定案例

【建议学时】2 学时。

【任务要求】通过该任务，使学生面对疑难手印鉴定中的模糊手印鉴定案例，能够正确判断是否具备受案条件，客观分析检材手印的检验鉴定条件和样本手印的比对条件，采用正确的手印鉴定技术手段和方法，增强手印纹线的反差对比度，充分应用相对明显、稳定的乳突纹线、皱纹、伤疤等皮纹特征，独立客观地比较检材手印和样本手印的异同点，科学分析评判特征价值，并规范制作手印特征比对表和手印鉴定意见书。具体流程同项目一任务 1。

【任务资料】

案件背景	在某地人民法院审理的一起金融借款合同纠纷案中，因诉讼需要，需查明涉案的标称日期为"2021.1.13"的《××银行××省分行个人经营类贷款申请审批表》中，第 2 页"家庭共同还款申明（保证人）"栏内"配偶：某丽娟"签名字迹处红色指印是否为某丽娟所留。为查清案件事实，现人民法院依职权委托鉴定机构进行指印鉴定。 【说明：经专业人员确认，经质证的检材为原件，为高分辨率扫描图片（1200DPI）】。
送检材料	检材：标称日期为"2021.1.13"的《××银行××省分行个人经营类贷款申请审批表》扫描图片 2 张，其第 2 页"家庭共同还款申明（保证人）"栏内"配偶：某丽娟"签名字迹处为待检指印，简称 JC。 样本：2023 年 5 月 30 日，××司法鉴定所经核对某丽娟身份证件后提取的其双手十指指印捺印样本扫描图片 2 张，其上某丽娟十指平面捺印样本下称"样本指印"。 （见"送检材料"文件夹中名为"JC-1.jpg""JC-2.jpg""YB-1.jpg""YB-2.jpg"的图像文件）。
鉴定要求	要求鉴定：标称日期为"2021.1.13"的《××银行××省分行个人经营类贷款申请审批表》中，第 2 页"家庭共同还款申明（保证人）"栏内"配偶：某丽娟"签名字迹处红色指印是否为某丽娟所留。

续表

任务要求	1. 指印分析： （1）分析本案检材指印的指位、基本纹型、鉴定条件。 （2）分析本案样本指印的基本纹型、比对条件。 2. 指印鉴定： （1）制作指印特征比对表，并正确规范标识指印细节特征，能够正确描述指印细节特征名称。 （2）制作指印鉴定意见书，要求格式、语言、意见表述均规范，行文简练。
注意事项	1. 学习小组应尽可能全面地进行检验和分析，并附检材概貌/样本概貌、特征比对表等支撑材料。 2. 成绩评价依赖于学习小组反馈的信息，信息不充分将会影响最终的评价结果。 3. 任务所需附件内容请扫码下载。

表 5-7

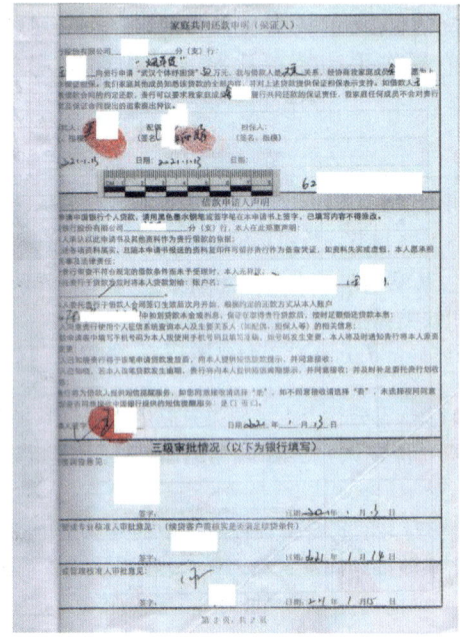
检材概貌

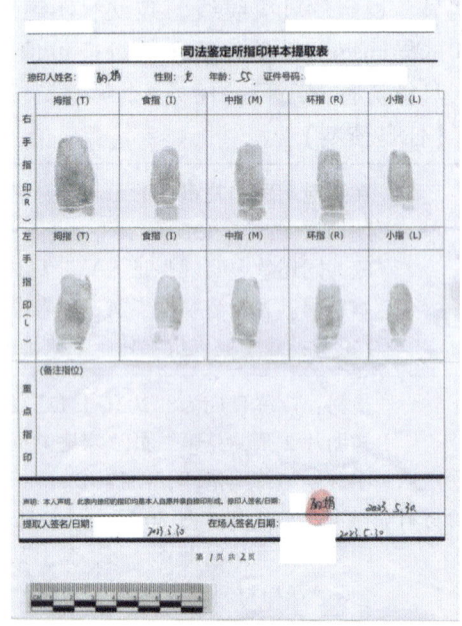
样本概貌

详见电子附件。

【任务内容】

1. 根据模块四"手印鉴定"项目一的指引，完成手印鉴定前的准备工作。

2. 根据模块四"手印鉴定"项目二的指引，完成手印检验鉴定工作。

（1）对检材指印和样本指印进行初步检验，判断形成方式、遗留部位和形成质量。

（2）对检材指印和样本指印进行分别检验，对手印种属特征进行分析，并标识手印细节特征。

（3）对检材指印和样本指印进行比较检验，能够准确分析判断手印的种属特征和细节特征，并正确制作指印特征比对表。

（4）对检材指印和样本指印进行综合评断，客观准确地分析评价特征点的数量和质量，客观合理地解释特征价值，并得出鉴定意见。

（5）制作手印鉴定意见书。

【任务解析】本案例检材指印留痕面积适中，呈椭圆形，但乳突花纹纹线较模糊，因此处理难度较大。检材红色指印位于落款"配偶"处"某丽娟"签名上，指印与字迹相交叠。经深入检验：JC 指印色料较均匀，根据纹线形态及流向判断，应为指印中心至指尖部位右侧所留，指尖指向"某丽娟"字迹左侧，将 JC 顺时针旋转 65 度，调整指尖朝上，JC 指印中心花纹类型反映不全，三角结构形态未反映，JC 指印左侧及中心部分乳突花纹纹线较清晰，乳突花纹细节特征反映较明显，在 JC 指印上找到 9 处较清晰稳定的细节特征（包括起点、终点、分歧、结合等），在 JC 指印中心及右侧可见 2 条长短不一的纵向皱纹（呈线状露白），特征点数量较充足，具备检验条件。

YB 系原件，为某丽娟双手十指平面捺印和局部捺印样本，捺印时间为 2023 年 5 月 30 日。YB 指印油墨均匀，乳突花纹纹线清晰，结构较完整，特征反映明显，具备比对条件。

将 JC 指印与供比对某丽娟 YB 指印逐一进行比对发现：在 JC 指印中找出 9 处反映稳定的细节特征（结合、分歧、起点、终点等），以及 2 条纵向皱纹（呈线状露白），但在某丽娟 YB 所有指印中均未找到与 JC 指印相应部位细节特征种类、形态及相互间位置关系相符合的指印，且差异较为明显（见指印特征比对表）。

指印特征比对表

案件编号

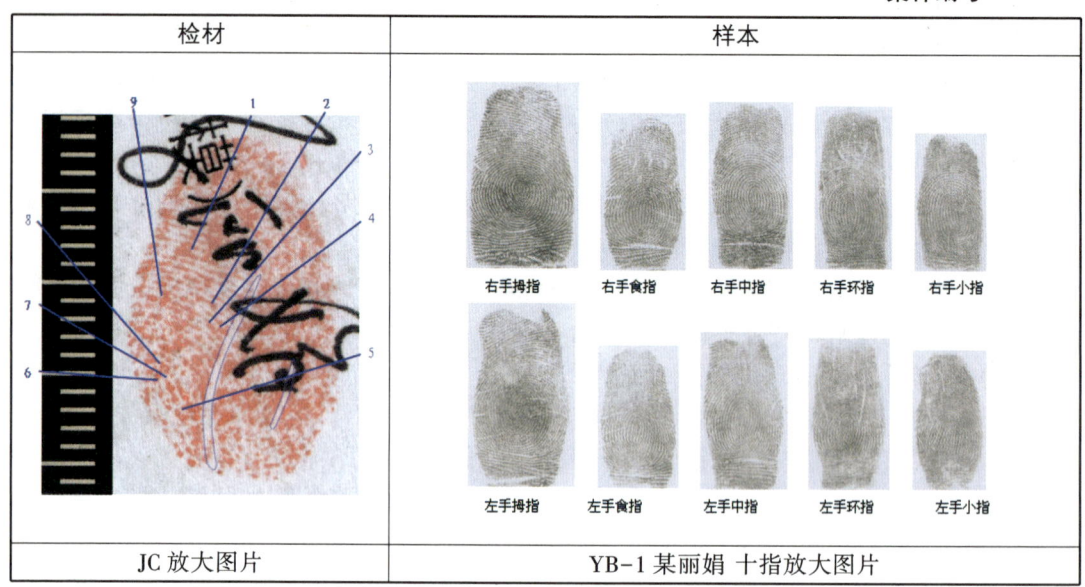

检材	样本
JC 放大图片	YB-1 某丽娟 十指放大图片

制作人：　　　　　　　　　　制作时间：20　年　月　日至20　年　月　日

审核人：　　　　　　　　　　审核时间：20　年　月　日

附件1：共1页第1页

JC 指印与某丽娟 YB 指印在乳突花纹细节特征的种类、花纹形态及相互间位置关系均差异明显，且 JC 指印可见 2 条明显的皱纹，虽然 JC 指印与 YB 指印间隔约 2 年，但 JC 指印上的皱纹特征的形状和位置关系不会发生根本变化，因此，以上差异特征属本质性差异。上述差异特征的总体价值反映了不同人捺印的特定性，构成了否定同一的充分条件。

综上，标称为"日期：2021.1.13"的《××银行××省分行个人经营类贷款申请审批表》中，第 2 页"家庭共同还款申明（保证人）"栏内"配偶：某丽娟"签名字迹处红色指印不是某丽娟手指所留。

任务4　疑难手印鉴定案例

【建议学时】 2 学时。

【任务要求】 通过该任务，使学生面对疑难手印鉴定案例，能够正确判断是否具备受案条件，客观分析检材手印的检验鉴定条件和样本手印的比对条件，采用正确的手印鉴定技术手段和方法，增强手印纹线的反差对比度，充分利用检材手印反映的皮纹特征和印面特征，独立客观地比较检材手印和样本手印的异同点，科学评判分析特征价值，并规范制作手印特征比对表和手印鉴定意见书。具体流程同项目一任务1。

【任务资料】

案件背景	在某地人民法院审理的一起确认合同无效纠纷案中，因诉讼需要，需查明涉案的标称日期为"2015.3.10"的《山林、土地流转合同》中，其落款"甲方：吴某某"签名笔迹上红色指印与供比对的吴某某样本指印是否为同一人所留。为查清案件事实，现人民法院依职权委托鉴定机构进行指印鉴定。 【说明：经专业人员确认，经质证的检材为原件，为高分辨率扫描图片（1200DPI）】。
送检材料	检材：标称日期为"2015.3.10"的《山林、土地流转合同》扫描图片 1 张，其落款"甲方：吴某某"签名笔迹上红色指印为待检指印，简称 JC。 样本：委托方提供的 2023 年 11 月 15 日吴某某捺印的双手十指指印样本扫描图片 7 张，其上吴某某双手十指指印为供比对样本指印，以下依次简称 YB-1 至 YB-7。 （见"送检材料"文件夹中名为"JC.tif""YB-1.tif""YB-2.tif""YB-3.tif""YB-4.tif""YB-5.tif""YB-6.tif""YB-7.tif"的图像文件）。
鉴定要求	要求鉴定：标称日期"2015.3.10"的《山林、土地流转合同》中，其落款"甲方：吴某某"签名笔迹上红色指印与供比对的吴某某样本指印是否为同一人所留。
任务要求	1. 指印分析： （1）分析本案检材指印的指位、基本纹型、鉴定条件。 （2）分析本案样本指印的基本纹型、比对条件。 2. 指印鉴定： （1）制作指印特征比对表，并正确规范标识指印细节特征，能够正确描述指印细节特征名称。 （2）制作指印鉴定意见书，要求格式、语言、意见表述均规范，行文简练。
注意事项	1. 学习小组应尽可能全面地进行检验和分析，并附检材概貌/样本概貌、特征比对表等支撑材料。 2. 成绩评价依赖于学习小组反馈的信息，信息不充分将会影响最终的评价结果。 3. 任务所需附件内容请扫码下载。

表 5-8

| 手印鉴定技术

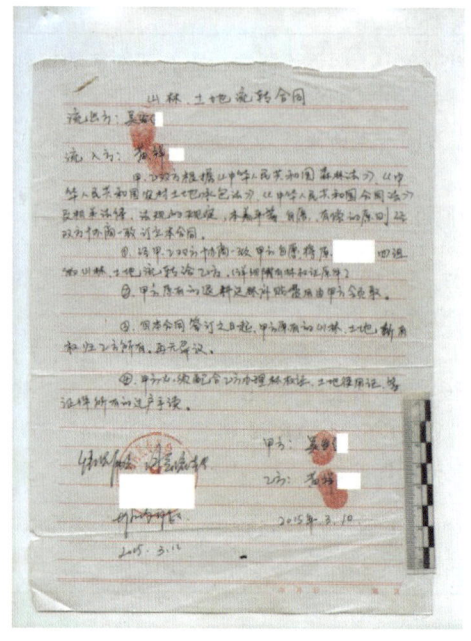

检材概貌

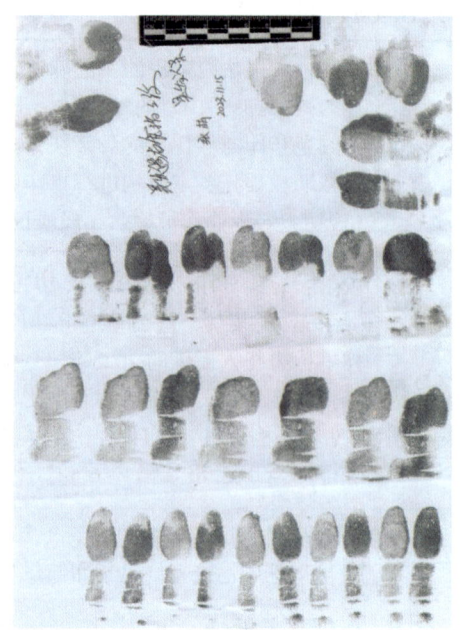

样本概貌

详见电子附件。

【任务内容】
1. 根据模块四"手印鉴定"项目一的指引，完成手印鉴定前的准备工作。
2. 根据模块四"手印鉴定"项目二的指引，完成手印检验鉴定工作。
（1）对检材指印和样本指印进行初步检验，判断形成方式、遗留部位和形成质量。
（2）对检材指印和样本指印进行分别检验，对手印种属特征进行分析，并标识手印细节特征。
（3）对检材指印和样本指印进行比较检验，能够准确分析判断手印的种属特征和细节特征，并正确制作指印特征比对表。
（4）对检材指印和样本指印进行综合评断，客观准确地分析评价特征点的数量和质量，客观合理地解释特征价值，并得出鉴定意见。
（5）制作手印鉴定意见书。

【任务解析】本案例检材指印留痕面积较小，呈椭圆形，乳突花纹纹线形态较单一，多为弧形纹，可见指甲印，是指尖部位所留，因此检验难度较大。JC红色指印位于落款"甲方：吴某某"签名字迹处，与手写字迹相交叠，色料较均匀。使用体视显微镜进行深入检验,发现 JC 红色指印无复制方式特征反映,系捺印形成,部分区域乳突花纹较清晰,根据纹线形态及流向判断,应为指头中心上方至指尖部位所留,未反映出中心花纹及三角结构形态,部分乳突花纹细节特征反映较清晰,将 JC 指印逆时针旋转 30 度调整至指尖朝上,在指印上部发现细节特征 10 个(起点、结合、分歧、终点等),具备检验条件。

YB 系原件,为吴某某双手十指指印捺印样本。YB-1 至 YB-7 指印油墨浓淡不均,部分指印乳突花纹纹线清晰,结构较完整,特征反映明显,具备一定比对条件。

将 JC 指印与供比对 YB 指印逐一进行比对检验,发现 JC 指印与供比对 YB 右手食指指印在乳突花纹形态上基本相符,JC 指印中找到的 10 处细节特征(分歧、结合、起点、终点等)与 YB 右手食指指印对应的 10 处细节特征在特征种类、形态及相互间的位置关系上均相符合,二者未发现明显差异(见指印特征比对表)。

指印特征比对表

编号

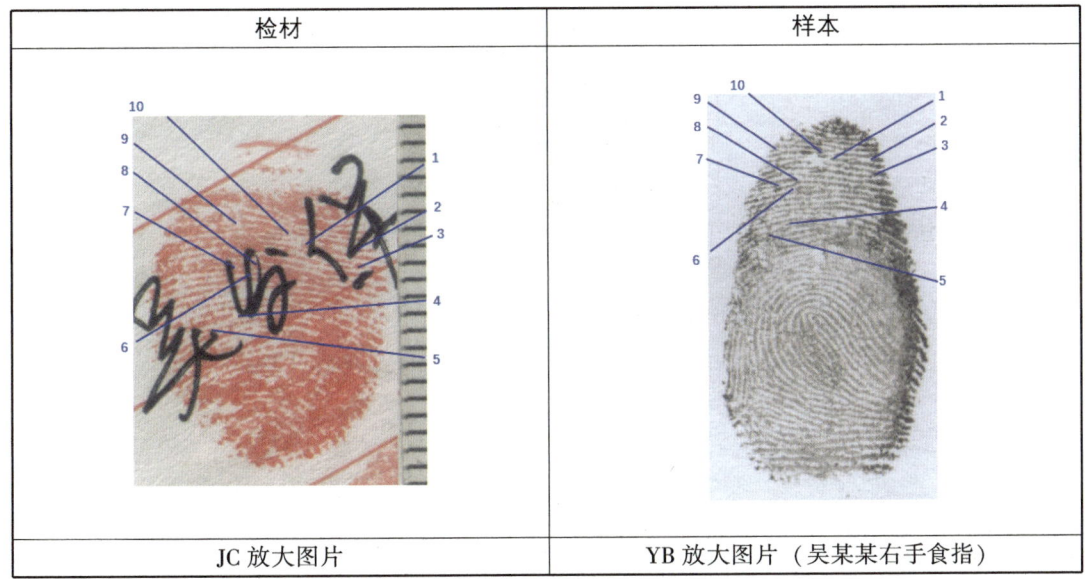

检材	样本
JC 放大图片	YB 放大图片(吴某某右手食指)

制作人:　　　　　　　　　　　制作时间:20 年 月 日至20 年 月 日
审核人:　　　　　　　　　　　审核时间:20 年 月 日

共1页第1页

JC 指印与供比对 YB 右手食指指印乳突花纹纹线流向及形态基本符合,并且有 10 处稳定的细节特征在特征种类、形态和相互位置关系上相符合,二者未发现明显差异。以上符合特征的总体价值反映了同一人同一指捺印的特定性,构成认定同一的充分条件,因此,JC 指印与吴某某右手食指指印具有一致性。

综上,标称日期为"2015.3.10"的《山林、土地流转合同》中,其落款"甲方:吴某某"签名笔迹上红色指印与供比对吴某某右手食指指印是同一人手指所留。

【拓展知识】

1. SFT 0142-2023 文件上可见指印鉴定技术规范。

2. SFT 0102-2021 文件上可见指印形成过程技术规范。

3. SFT 0141-2023 文件上可见指印一次性捺印鉴定技术规范。

4. 中国法律服务网——司法行政（法律服务）案例库（https：//alk.12348.gov.cn）。

主要参考文献

1. 赵向欣主编：《中国刑事科学技术大全·指纹技术》，中国人民公安大学出版社 2003 年版。
2. 刘少聪主编：《手印学》，警官教育出版社 2007 年版。
3. 钟新文、张忠良主编：《手印学》，中国人民公安大学出版社 2019 年版。
4. 王跃、李艳国、贾志英：《潜血印痕显现技术》，群众出版社 2010 年版。
5. 张晓梅编著：《现场手印显现技术规范》，中国人民公安大学出版社 2012 年版。
6. 王桂强：《指印的光学显现和照相技术》，群众出版社 2005 年版。
7. 马建平、王跃、赵越编著：《潜在手印显现实用技术》，群众出版社 2006 年版。
8. 王猛、李明、袁传军：《手印显现技术前沿》，东北大学出版社 2019 年版。
9. 杨瑞琴编著：《纳米技术与潜指纹显现》，中国人民公安大学出版社 2016 年版。
10. 陈芳林、周杰：《指纹特征提取与多特征识别》，国防工业出版社 2016 年版。
11. 罗瑞彪编著：《疑难手印显现》，群众出版社 2005 年版。
12. 公安部鉴定中心编：《第七届全国指纹检验技术建设发展与实战应用研讨会论文选》，群众出版社 2023 年版。

后记

随着《手印鉴定技术》工作手册的完成，我们深感欣慰。此书不仅详尽阐述了手印鉴定的理论知识，还通过丰富的图片、视频等多媒体资源，为学习者提供了直观、生动的实践指导。在此，我们再次特别强调教材与资源库的综合使用，以期帮助读者最大化地利用这一宝贵资源。

在教材编写过程中，我们始终将课程思政作为重要导向，通过讲述手印鉴定技术在维护社会正义、打击犯罪中的重要作用，引导学生树立正确的价值观与职业道德观。我们期望，每一位阅读此书的学生或从业者，都能深刻理解到手印鉴定工作背后的责任与使命，以高度的责任心和敬业精神投入实际工作中，为维护社会和谐稳定贡献自己的力量。

我们建议读者将教材内容与配套的图片、视频资源紧密结合，构建一个全方位、多层次的学习思维框架。首先，通过阅读教材，掌握手印鉴定的基本原理、技术流程与法律法规要求，构建坚实的知识基础。其次，利用图片资源，直观观察手印特征、比对痕迹等细节，加深对理论知识的理解。最后，观看教学视频，跟随专家演示，学习实际操作技巧，提升动手能力。

在此过程中，读者可以灵活调整学习节奏，根据个人需求选择重点章节或难点部分进行深入学习。对于复杂的操作步骤或难以理解的概念，不妨反复观看视频、对比图片，直至完全掌握。此外，鼓励读者将所学知识应用于实际案例，通过模拟操作或参与实践项目，检验学习成果，提升解决实际问题的能力。

我们深知，教材与资源库的完善与更新是一个持续的过程。因此，我们诚挚邀请广大读者、同行专家及社会各界人士提出宝贵意见与建议。您的每一条反馈都是我们改进的动力源泉，我们将不断努力，为读者提供更加优质、全面的学习资源。

最后，我们衷心希望《手印鉴定技术》工作手册及其配套资源库能够成为广大读者学习手印鉴定技术的得力助手，为司法公正、社会和谐贡献一份力量。

教材编写组

2025 年 4 月